# EL MURO

PRÓLOGO POR LUIS PALAU

# EL MURO

CONQUÍSTATE A TI MISMO, Y LUEGO AL MUNDO

CARLOS BARBIERI

WHITAKER
HOUSE

Edición: Ofelia Perez

**EL MURO:**
Conquístate a Ti Mismo, y Luego al Mundo
ISBN: 978-1-62911-381-4
eBook ISBN: 978-1-62911-382-1
Impreso en los Estados Unidos de América


Whitaker House
1030 Hunt Valley Circle
New Kensington, PA 15068
www.whitakerhouseespanol.com

Por favor envíe sugerencias sobre este libro a:
comentarios@whitakerhouse.com.



1 2 3 4 5 6 7 8 9 10 11 22 21 20 19 18 17 16 15

# Contenido

# Prólogo

Estoy muy contento de poder recomendar este libro de Carlos Barbieri, mi compañero de tantos años de ministerio alrededor del mundo.

Este es un libro dinámico, de fácil lectura, cargado de vivencias que apuntan a lograr el máximo objetivo de un verdadero cristiano y discípulo del Señor: vivir una vida de gozo, de amor, de control propio; una verdadera vida en abundancia, tal como es la idea del Señor. Él dijo: «*Yo he venido para que tengan vida, y la tengan en abundancia*» (Juan 10:10). Sin dudas, esa es la vida de Cristo en nosotros.

Le invito a leer este libro y reconocer, uno a uno, los Muros que le impiden ver la tierra prometida, al igual que los muros de la ciudad de Jericó le impedían al pueblo de Israel ver aquella tierra que tenían delante.

En nuestro caso, muchas de esas «paredes» que hoy nos encierran las hemos construido nosotros mismos a través de los años, con la idea de protegernos, pero terminamos atrapados por ellas, «porque la seguridad jamás estuvo en las paredes, sino en los cimientos», como escribe Carlos en la introducción del libro. Y nada más sólido que la Roca Eterna de nuestro Señor Jesús para asentar una vida.

Lo desafío a seguir los pasos bíblicos que Carlos repasa en cada capítulo, y pronto verá cómo esos Muros que le cerraron el paso a las bendiciones comenzarán a caer de repente, como los de Jericó.

La vida abundante es posible en el poder de Dios. Y no hay Muro que pueda detener a un hombre o a una mujer que entrega su vida a Cristo y vive en Él.

Necesitamos millones de jóvenes y adultos que caminen alrededor de sus Muros hasta que caigan, y avancen a la tierra prometida. El mundo los necesita… hombres y mujeres de valor que avanzan y marcan el camino para que otros los sigan.

Lea este libro en oración, y avance porque ¡la tierra le pertenece!

***Luis Palau***

# INTRODUCCIÓN

# Fabricantes de Muros

Todos somos fabricantes de Muros.

Quizás te parezca exagerada esta afirmación, más teniendo en cuenta que es posible que no sepas absolutamente nada de albañilería. Sin embargo, los seres humanos, constructores o no, vivimos rodeados de paredes que nosotros mismos vamos construyendo, e incluso decorando, con el paso de los años. No es extraño ver grafitis en algunos de estos muros personales de amigos o familiares, tal vez hasta maceteros con flores, colgando de alguna que otra cornisa.

Es que la primera reacción, quizás innata, ante una amenaza, ante un posible peligro es *fabricar un Muro*; una defensa que nos mantenga a salvo... una pared lo suficientemente alta que nos garantice la máxima seguridad posible; que nos oculte, que nos proteja. De una o de otra manera, todos nosotros somos fabricantes de Muros, con el objetivo de rodear nuestra propia vida, e incluso, si nos dejan, la vida de quienes queremos.

Ladrillo sobre ladrillo, muchas veces sin darnos cuenta, vamos levantando esa gran pared para proteger lo que consideramos nuestros puntos débiles... una pared que sin ser de bloques y cemento, igual nos esconde; invisible en muchos casos, pero tan sólida y real como las tangibles.

Toda ciudad de la antigüedad también contaba con un gran muro para resguardarla. Y aún, hoy en día, en distintas naciones del mundo, pueden observarse restos de aquellas magníficas construcciones. Son paredes y puertas que alguna vez fueron sinónimo de seguridad, pero hoy son solo escombros porque no lograron el objetivo y cayeron en deshonra.

Al caminar por la ciudad de Madrid, en España, uno puede marcar un recorrido turístico visitando las distintas «puertas» de acceso al antiguo casco céntrico, a través del muro que lo rodeaba. Desde la Puerta del Sol, a la Puerta de Alcalá, a la Puerta de Toledo, se marca un paseo por las entradas de la muralla que rodeaba el primitivo poblado.

Por supuesto, ya no existe aquel muro como tal, ni tampoco el de Berlín. El tristemente famoso «Muro de Berlín» fue llamado, por los que quedaron de un lado, «Muro de protección antifascista»; y por los del otro lado, «Muro de la vergüenza». Era más de 150 kilómetros de humillación y dolor para un mundo que trataba de sobreponerse a la tragedia más grande de su historia, la Segunda Guerra Mundial, y no podía porque había un muro que lo entorpecía, una pared que recordaba aquel dolor.

Los chinos hicieron su «Gran Muralla» para que nadie entrara, y quedaron atrapados por siglos.

Muros, y más Muros, personales y grupales, protegían, pero a la vez encerraban, dejando cautivos a sus propios constructores. La historia demostró que las paredes que nos separan también nos encierran y limitan, nos contienen y nos atrofian.

Sin embargo, como ignorando la historia, tú y yo seguimos levantando paredes, cada vez más altas y sofisticadas, sin entender que nos convertimos en nuestros propios carceleros. Cerramos las puertas y nos confinamos en nosotros mismos para evitar que nos agredan. Así nos destruimos solos, y destruimos a los que más amamos con la justificación de cuidarlos.

Ya no se construyen fortificaciones que rodean las ciudades modernas. El sistema fracasó. Sin embargo, nosotros seguimos fabricando «Muros personales» que nos recluyen, para que no nos vean tal como somos; paredes mentales blanqueadas que muchas veces enclaustran vidas arruinadas que se lamentan y esconden.

Hoy es el día de derribar Muros antiguos, esas viejas paredes que no dejan entrar el sol. Porque la seguridad nunca radicó en encerrarse, sino en abrirse, en entregarse.

**La seguridad nunca radicó en encerrarse, sino en abrirse, en entregarse.**

La seguridad no está en las paredes, sino en los cimientos, y nos lo recuerda el profeta Isaías:

> *«Por lo tanto, esto dice el Señor Soberano: ¡Miren! Pongo una piedra de cimiento en Jerusalén, una piedra sólida y probada. Es una preciosa piedra principal sobre la cual se puede construir con seguridad. El que crea jamás será sacudido»* (Isaías 28:16).

Si quieres proteger a tus hijos, ¡escucha! No levantes paredes a su alrededor; construye bases para sus vidas. Si quieres estar a salvo de las tormentas de problemas que azotan a cada instante, no levantes muros, sino fortifica los cimientos.

Cristo es la roca sólida sobre la cual debes afirmar tu vida.

> *«Solo él es mi roca y mi salvación, mi fortaleza donde no seré sacudido»* (Salmos 62:6).

Mateo registra las palabras de Jesús cuando dijo: *«Todo el que escucha mi enseñanza y la sigue es sabio, como la persona que construye su casa sobre una roca sólida. Aunque llueva a cántaros y suban las aguas de la inundación y los vientos golpeen contra esa casa, no se vendrá abajo porque está construida sobre un lecho de roca»* (Mateo 7:24-25).

Tú decides cómo protegerte, si es con paredes o con cimientos.

Si tomas la decisión de trabajar para derribar los Muros que te encierran, este libro es para ti. Quiero guiarte paso a paso a identificar plenamente esos Muros que te rodean, y destruirlos.

Hoy te propongo que te liberes de los encierros. ¡Ellos no pueden protegerte!

Este libro es para encaminar tus propios pasos hacia afirmar tu vida en la Roca sólida y abrir todas tus ventanas al mundo, para que vivas y disfrutes tranquilo de los días de sol, confiado en que si tu fundamento está en Dios, ninguna tormenta podrá derribarte.

## JOSUÉ, EL DEMOLEDOR DE MUROS

Tomar las riendas del gran pueblo de Israel, que venía marchando hacia la tierra de la promesa, sin dudas no fue una tarea sencilla para Josué, ni para nadie.

En los últimos cuarenta años, Josué disfrutó caminar a la sombra del gran Moisés. Había seguido sus órdenes al pie de la letra desde el día que salieron juntos de Egipto, aquella noche de muerte y dolor cuando miles de primogénitos perecían por la obstinación del Faraón que no dejaba salir al pueblo.

Desde aquella noche, caminando lado a lado con Moisés, había visto el mar abrirse. Sus propios pies pisaron el lecho seco del mar, y oyó a sus espaldas los gritos desesperados de los egipcios que morían ahogados, cuando las aguas regresaron a su cauce sin dejarlos llegar a la orilla. No se lo habían contado. ¡Lo había vivido!

También fue testigo presencial de los eventos en el Monte Sinaí, cuando Moisés regresó con su rostro brillante, luego de estar en la presencia del Todopoderoso. Tuvo el privilegio de tocar con sus manos las tablas de piedra de la Ley, donde Jehová mismo había escrito la carta magna de su pueblo. Con sus dedos siguió los surcos de aquellas letras por donde antes había pasado el mismísimo dedo de Dios.

Junto con su compañero, Caleb, fueron los únicos que 38 años atrás dijeron: «Crucemos aunque haya gigantes, porque Dios está con nosotros». Pero ganó la mayoría y Dios se enojó, y debieron seguir mordiendo arena en aquel desierto hasta cambiar la manera de pensar. No podían entrar a la tierra de la libertad con la mente de la esclavitud.

Había seguido la nube como todos; había sentido el calor de la columna de fuego en su rostro y había tomado el maná que caía día tras día para alimentarlo. Era el hombre de confianza del gran líder, el segundo al mando del Pueblo del Pacto, con la responsabilidad de dirigir el ejército de Israel. Siempre estaba listo para seguir órdenes.

Pero ahora las cosas estaban cambiando, y esas órdenes debía darlas él. No era una tarea fácil. Moisés ya descansaba en la presencia de Dios y Josué debía cruzar al pueblo.

Del otro lado del río Jordán, en medio del camino a poseer la tierra que Dios les daba, se levantaba imponente la gran ciudad de Jericó con sus altos muros rodeándola.

Lo imagino sentado en la orilla del caudaloso río Jordán, una mañana cualquiera, apenas antes de la salida del sol, buscando el rostro de Dios. La tarea parecía imposible; el muro, infranqueable.

No se trataba de conocer la voluntad de Dios. Josué ya la conocía. No se trataba de saber si Dios quería o no que el pueblo avanzara. Sabía a ciencia cierta que Dios sí quería que su pueblo cruzara el río y conquistara la tierra de Canaán. Hay veces que la voluntad de Dios es tan clara, que volver a preguntar por ella es solo una excusa para no cumplirla.

Todos esos años de experiencia, miles de días vividos que, en teoría, le habían enseñado a proyectar su mañana en dependencia del Dios que lo guiaba, desaparecían como el agua entre los dedos al observar la inmensa tarea que tenía por delante.

Era una reacción humana y comprensible. Diría el salmista: «*Somos tan solo polvo...*" (Salmos 103:14), pero en ese momento, cuando el sol despuntaba apenas en el horizonte, por fin, Dios le habló como antes lo hacía con Moisés, y lo validó.

> «*Mi siervo Moisés ha muerto. Por lo tanto, ha llegado el momento de que guíes a este pueblo, a los israelitas, a cruzar el río Jordán y a entrar en la tierra que les doy. Te prometo a ti lo mismo que le prometí a Moisés: "Dondequiera que pongan los pies los israelitas, estarán pisando la tierra que les he dado... Nadie podrá hacerte frente mientras vivas. Pues yo estaré contigo como estuve con Moisés. No te fallaré ni te abandonaré"*» (Josué 1:2-5).

Hoy te toca a ti tomar las riendas de tu propia vida. Así como aquella vez Dios le habló a Josué, hoy te habla a ti y te dice: «Yo estaré contigo». Tienes por delante una tierra nueva. Una tierra que está esperando por ti y tu familia, y espera desde hace años. Pero recuerda: ¡No estás solo!

> «*Sé fuerte y muy valiente. Ten cuidado de obedecer todas las instrucciones que Moisés te dio. No te desvíes de ellas ni a la derecha ni a la izquierda. Entonces te irá bien en todo lo que hagas*» (Josué 1:7).

**O el Muro cae, o sigues atrapado mirando desde lejos la promesa, pero sin poder poseerla.**

Aquel muro debía ser demolido para poder avanzar. No existía la opción de rodearlo, de ignorarlo o simplemente entrar por otro camino. El muro debía caer para dar paso a la tierra de la promesa.

Y hoy tú, igual que ayer Josué, no tienes alternativa; o el Muro cae, o sigues atrapado mirando desde lejos la promesa, pero sin poder poseerla.

## Todos estaban esperando su decisión

Josué se incorporó después de escuchar claramente las palabras de Dios, y ya no miró las altas paredes de Jericó, en la otra orilla del caudaloso río. Puso sus ojos en su gente, que lo esperaba detrás, en silencio, y decidió que ya no dejaría que las circunstancias lo limitaran.

Caminó con paso firme entre las carpas que se ubicaban en riguroso orden, por familia, todas con sus puertas mirando al centro del campamento donde se alzaba la Carpa Mayor, el Tabernáculo. Allí reposaba la presencia de Dios desde hacía casi cuarenta años.

Cada familia estaba esperando a la puerta de su carpa; padres con sus hijos tomados de la mano, mujeres jóvenes y ancianas. Todos esperaban la decisión del novel líder. Entró decididamente al patio interior de la Carpa Santa, y allí, junto a la fuente de bronce, reunió a los jefes de cada una de las familias de Israel.

Había llegado la hora de ponerse en marcha y les dijo:

> *«Vayan por el campamento y díganle al pueblo que preparen sus provisiones. En tres días, cruzarán el río*

> *Jordán y tomarán posesión de la tierra que el Señor su Dios les da»* (Josué 1:11).

Todos le miraron en silencio. El viento arrastraba algo de arena, y el sol ya estaba en alto sobre sus cabezas. La fuente de bronce para las purificaciones rituales reflejaba la luz, enviando un rayo de sol directo sobre la entrada del Lugar Santo.

Todos sintieron la presencia viva de Dios, y decidieron respaldar aquella orden y hacerlo saber a Josué. Dice la Biblia que aquellos hombres dijeron:

> *«—Haremos todo lo que nos ordenes e iremos a donde nos envíes. Te obedeceremos tal como obedecimos a Moisés. Que el Señor tu Dios esté contigo tal como estuvo con Moisés. Cualquiera que se rebele contra tus órdenes y no obedezca tus palabras y todo lo que tú ordenes, será ejecutado. Así que, ¡sé fuerte y valiente!»* (Josué 1:16-18).

## TODOS ESTÁN ESPERANDO TU DECISIÓN

Tantas veces tú y yo pensamos que los demás, nuestros amigos, familiares, hijos, pareja, no secundarían nuestras decisiones. Lo pensamos durante tantos años, hasta el punto que llegamos a creerlo firmemente, incluso a considerarlo una premisa sólida. Simplemente evitamos tomar algunas «decisiones complicadas» que creíamos que no respaldarían, ignorando que no tomar una decisión, también es decidir.

**Todos están esperando tu decisión.**

Cuando Dios habla al corazón de un hombre o de una mujer, como le habló a Josué, y le indica un camino a seguir; del mismo modo se encarga de allanar ese camino para que los pasos que den sus hijos, no golpeen con piedras innecesarias. Y si algún escollo queda en la ruta, no será para problema, sino que será para crecimiento y fortificación.

Todos están esperando que te decidas a seguir el camino hacia la tierra prometida.

Quieren seguirte porque la gente sigue a quien sabe hacia dónde va y tiene el respaldo de Dios.

**La gente sigue a quien sabe hacia dónde va.**

Tu familia está esperando; tus amigos, compañeros de trabajo y de ministerio. Todos a tu alrededor están expectantes de tu decisión. Ya no puedes simplemente seguir a Moisés; él murió. Tú tienes que escuchar la voz de Dios y seguir sus indicaciones, tal como lo hizo Josué. Tú ahora estás a cargo de tu propia vida, y de la vida de la gente que te rodea.

¿Hay Muros en tu camino? Sí, los hay. Tú mismo los has levantado con el paso de los años, y ahora son ellos los que te ahogan, los que te impiden seguir el camino, igual que aquel «Muro de Jericó» le cerraba el trayecto al pueblo del pacto.

## El primer paso

El primer paso que dio Josué fue enviar dos espías a la ciudad de Jericó para analizar a fondo el muro, evaluar sus debilidades y fortalezas, e identificar exactamente qué tenía delante: saber dónde estaba cada entrada y cada salida, qué altura tenía, qué ancho y cuán fuerte era.

La decisión tomada por Moisés, treinta y ocho años atrás, de enviar espías a la tierra de Canaán, había sido una mala decisión. Ahora Josué estaba dando la misma orden e indicándoles a los espías su tarea de esta manera: «Ustedes dos, crucen el Jordán y entren en Jericó, revisen cada parte del camino y evalúen la muralla, sus puertas, sus torres de vigilancia, sus puntos fuertes y débiles. Hablen con la gente de la ciudad sin que los descubran y averigüen qué piensan de nosotros. Analicen sus armas y sus municiones. Escuchen a la gente común en las calles, hablen con los comerciantes en las plazas, y después revisen todo el lado exterior de la muralla. Luego regresen e infórmennos, pero regresen rápido porque en tres días atacaremos».

La diferencia entre los doce espías que envió Moisés y los dos que envió Josué, no radica en el hecho puntual de evaluar al enemigo antes de atacar. No se basa en la decisión, sino en la intención de la decisión. Años atrás, los espías fueron a observar si eran capaces de vencer, si en verdad había que escuchar a Dios que les decía: «*Vayan*», o había que esperar una mejor oportunidad según las estrategias humanas.

En este caso, la decisión estaba tomada. El muro debía ser destruido y la ciudad, conquistada. No había ninguna decisión extra qué tomar en ese sentido. Los espías, en este caso, fueron enviados para saber a qué se enfrentarían y, entre otras cosas, para saber también la grandeza del milagro que vivirían.

Nos relata el mismo Josué que:

> *«Luego, los dos espías descendieron de la zona montañosa, cruzaron el río Jordán y le informaron a Josué todo lo que les había sucedido: "El Señor nos ha dado el territorio —dijeron—, pues toda la gente de esa tierra nos tiene pavor"»* (Josué 2:23-24).

Descubrir que del otro lado nos ven distinto a como nosotros mismos nos vemos, a veces es una gran sorpresa.

El primero en sorprenderse ante la noticia que entregaron los espías fue el mismo Josué, luego los generales y todo el alto mando del ejército Israelí, luego cada soldado, y cada hombre y mujer. La noticia corrió como reguero de pólvora. «¡Todos, del otro lado, nos tienen miedo!»

Aquellos espías descubrieron que las altas paredes de la muralla, que las pesadas puertas de madera que se cerraban al atardecer, que lo sofisticado de sus armas y la preparación de su ejército era, para los habitantes de Jericó, más que una bendición, un castigo.

Ellos tenían altos muros, pero el ejército de Israel tenía profundos cimientos.

Marchaban en el nombre de Jehová de los Ejércitos, y los habitantes de Jericó lo sabían.

## Envía espías a tu interior.

Enviar espías a tu interior será también el primer paso antes de la victoria, pero cuidándonos de enviarlos con una misión clara y

**Mira tus fuerzas desde las de Dios y todo será posible.**

específica, y con la intención correcta. Jamás debes ordenarles a tus «espías» que evalúen si se debe o no seguir las instrucciones de Dios. Nunca mires a Dios desde tus fuerzas porque todo parecerá imposible. Mira tus fuerzas desde las de Dios y todo será posible.

## SIETE VUELTAS. SIETE MUROS.

Dios le indicó a Josué que guiara a todo el pueblo en una peregrinación alrededor de aquel muro, cada día, por siete días. Debían dar siete vueltas antes de presenciar la gloriosa intervención divina, entregando aquella gran ciudad fortificada en las manos de los israelitas, para que quedara el paso franco hacia la tierra de la promesa, donde fluía la leche y la miel.

Hoy Dios te guía a ti a identificar siete Muros que impiden tu realización; siete Muros que no te dejan avanzar… siete paredes que has ido construyendo para defenderte, y que hoy limitan tu visión y cierran tu paso hacia el éxito y la prosperidad.

Vamos a avanzar juntos en esta peregrinación alrededor de tus propios Muros. En cada capítulo evaluaremos uno de ellos, y descubriremos, en la Palabra de Dios, cómo destruirlo.

Son siete Muros que te limitan. Vamos a hacer un repaso a cada uno de los Muros que juntos estudiaremos, rodearemos y destruiremos.

**En el Capítulo 1 veremos:**
**Derribo los Muros alrededor de mi mente**
**Palabras de condena**

Descubrir la dignidad que tenemos como criaturas, solo se logra descubriendo la dignidad que tiene nuestro Creador. El hombre o la mujer que se imagina como un simple error de la naturaleza o una coincidencia cósmica de dos elementos cualesquiera, o se mira al espejo y solo ve, detrás de sí, a un antepasado animal, evolucionado por la presión de la necesidad, nunca podrá valorarse a sí mismo. Será un simple barrilete *«con poco piolín»*, arrastrado por los vientos, pero condenado a jamás elevarse más allá de su propia limitación.

Descubriremos tu dignidad, lo que verdaderamente eres y vales, descubriendo la suma dignidad del que te creó.

También destruiremos el Muro que fuiste construyendo en tu mente, y detrás del cual te ocultaste: **un Muro de ladrillos huecos**, formado por palabras de condena que te fueron diciendo y que creíste. ¡Y lo destruiremos!

**En el Capítulo 2 veremos:**
**Derribo los Muros alrededor de mi cuerpo**
**La falsa imagen**

Crear y mantener por mucho tiempo una falsa imagen de uno mismo es una de las peores cosas que puede pasarnos. Crear esa falsa imagen de uno mismo es malo, pero mantenerla a través de los años es aún peor. Hacerla carne, hasta el límite que nos encierra y atrofia, es uno de los Muros más altos que deberemos aniquilar.

Sea por más o por menos, sea que te creas superior o inferior, en este capítulo enviaremos los espías necesarios para detectar el **Muro de la imagen** que tienes y proyectas de ti mismo, y lo demoleremos aprendiendo a no ser tan perfectos, ni tan imperfectos. Simplemente aprenderemos a ser lo que Dios quiere que seamos.

**En el Capítulo 3 veremos:**
**Derribo los Muros alrededor de mi familia**
**El círculo íntimo**

Tu familia será la que te lleve al fondo o a la superficie. No hay «llaneros solitarios», como aquel personaje de la antigua serie televisiva estadounidense. Tú eliges si utilizas «*anclas*» que te limiten, que te sujeten, que te detengan, o si te vales de «*flotadores*» que te eleven al nivel para el cual fuiste creado.

Hablaremos de tu círculo íntimo, y veremos cómo destruir el **Muro de la introspección hogareña** que fuiste formando alrededor de las personas que están más cerca de ti. Ese Muro impide una relación familiar fluida porque sigues fuera, aunque estás en casa, porque sigues con pensamientos foráneos y trabajando sobre problemas que trajiste al lugar incorrecto.

Hablaremos sobre desarrollar y mantener hábitos de excelencia que te permitirán crear y tener una línea al relacionarte con tu prójimo; lo que, eventualmente, te elevará al nivel de vida que Dios tuvo en mente al crearte.

**En el Capítulo 4 veremos:**
**Derribo los Muros alrededor de mis deseos**

Darse cuenta de lo que uno tiene al momento de perderlo es la historia repetida de millones de personas. Y es una tragedia sin vuelta atrás.

El Muro que hemos construido con paciencia durante la mayor parte de la vida adulta es una pared increíblemente alta, que solo deja un pequeño lugar para ver lo que no tienes, e impide la visión abierta y clara de lo que sí tienes.

Descubrir a tiempo el balance entre lo que poseo y lo que disfruto, aprendiendo a valorar las cosas cercanas, y a la vez medir con sabiduría el esfuerzo aplicado a alcanzar aquellas cosas que no se tienen, es uno de los Muros en los que trabajaremos juntos. ¿Cómo derribar esa gigantesca muralla que me impide ser feliz con lo que tengo? Esta y otras preguntas trascendentales nos llevarán lentamente, ladrillo por ladrillo, a demoler las paredes que nos encierran.

**En el Capítulo 5 veremos:**
**Derribo los Muros alrededor de mis relaciones cercanas**
**El egoísmo salvaje vs. el egoísmo sano**

Es imposible ver la tierra prometida por encima del **Muro de egoísmo** que construimos.

A la sombra de la gran pared, sufren las relaciones con amigos, compañeros de trabajo o ministerio, vecinos y socios. Este Muro egoísta que nos impide relacionarnos no es el egoísmo en todas sus formas; es el egoísmo mal entendido, al que llamaremos «egoísmo salvaje».

El egoísmo en sí es un instinto de supervivencia y autoprotección innato en cada ser humano. Manejarlo mal es el problema.

Sacudiremos las bases del Muro y encontraremos el «egoísmo sano»", que nos permite alinearnos con una forma muy humana de ser, a la vez que nos encamina a lograr objetivos sin arriesgar la vida de relación.

**En el Capítulo 6 veremos:**
**Derribo los Muros alrededor de mi pasado**
**El perdón**

Los Muros que hemos construido en relación a nuestro pasado buscaban siempre ocultar situaciones que nos causaron dolor. Uno puede dejar algunas materias pendientes mientras está estudiando, pero al momento de querer egresar y obtener el diploma, hay que rendir cada una de ellas y aprobarlas.

Jamás llegaremos a la tierra prometida si no identificamos y destruimos este Muro, dejando al descubierto aquel antiguo dolor; y ya al descubierto, trabajamos sobre él y lo sanaremos.

Atravesaremos este capítulo con los puños apretados, mordiendo los labios porque nos veremos cara a cara, otra vez, con aquella materia que dejamos oculta tras el Muro, y que hiede y duele. Pero la tierra prometida lo vale. El premio y la corona están del otro lado, y debemos pasar.

**El Muro que oculta el dolor** debe ser abatido, y el sufrimiento, anulado.

**En el Capítulo 7 veremos:**
**Derribo los Muros alrededor de mi futuro**
**El miedo**

El séptimo Muro se llama miedo. Algunas veces es un miedo inconsciente, otras no tanto. Es miedo al dolor, a la pérdida, al fracaso; miedo a la muerte.

Con la ayuda de la siempre viva Palabra de Dios, llegaremos a lo más profundo del alma, donde hemos levantado el Muro de un miedo casi clandestino y solapado que dirige nuestras acciones desde las sombras, y nos impide tomar riesgos elementales en la vida de relación. Es el miedo a perder lo que queremos, a que alguien o algo lastime lo que amamos.

Derribaremos juntos el **Muro del miedo** para enterrar en su lugar la primera piedra del cimiento, la piedra fundamental, donde construiremos el resto de una vida con propósito eterno.

**En el Capítulo 8 veremos:**
**Cómo mantener mis conquistas**

Luego de estudiar y trabajar en la demolición de cada uno de los siete Muros que te limitaban, ahora hay que consolidar la victoria para mantenerla con el paso de los años.

La ciudad de Jericó finalmente cayó ante Israel. El muro que la protegía se derrumbó ante la mirada espantada de un pueblo que había dado las siete vueltas que Dios le indicara, y veía ante sus ojos uno de los milagros más estridentes relatados en el Antiguo Testamento.

Ya se estaban acostumbrando al mover de Dios a su favor. Habían visto el río Jordán detenerse en su correr para que pudieran cruzar en seco. Habían girado en torno a la ciudad cumpliendo la Palabra de Dios, y como un castillo de naipes habían visto aquel muro desmoronarse a sus pies.

Creyeron que lo demás sería solo un trámite, algo sencillo por lo cual no debían preocuparse. Cuando llegó la hora de consolidar la victoria tomando la siguiente ciudad, una pequeña, sin ejército, sin defensa, el pueblo -embriagado por su victoria sobre el gran muro- no supo consolidar el éxito, y cayó derrotado ante la pequeña ciudad de Hai.

Una mezcla satánica de pecado entre la filas del ejército de Israel, y malas decisiones estratégicas militares nacidas de subestimar al enemigo, hicieron que regresara el fantasma de la derrota.

En este último capítulo, trabajaremos juntos en desarrollar una estrategia bíblica para el continuo crecimiento y la superación. Nos centraremos en la consolidación de los éxitos logrados, siguiendo la estrategia divina. Porque en el nombre de Dios, y siguiendo su consejo, se triunfa, y también se consolida la conquista, convirtiéndola en una constante.

# CAPÍTULO 1

## Derribo el Muro alrededor de mi mente Palabras de condena

Recuerdo cuando comenzamos a trabajar en la construcción de nuestra casa, en mi país natal, Argentina. Con mi esposa pasamos algún tiempo haciendo bocetos sobre un plano, dibujando a mano alzada los dormitorios, baños, cocina y demás. Algunos amigos daban sugerencias. Nuestros padres aportaban experiencia de vida y «habitabilidad». Así llamábamos a esa rara característica que tienen algunas casas, que sin ser grandes ni hermosas son plenamente «habitables», comparadas con otras que pueden ser muy grandes, pero poco «disfrutables» por una familia con niños.

No fue sencillo encontrar el balance entre los deseos de una pareja y la perspectiva de una familia con niños. Pero allí íbamos, lentamente, dibujando y borrando, a veces en el desayuno, otras en la noche, antes de dormir.

Ubicamos puertas que comunicaban espacios, ventanas y escaleras. Trabajamos mucho en la cocina y el patio, imaginando el futuro siendo más. Fue una etapa muy linda, de volcar sueños en un papel. Luego un arquitecto dibujó profesionalmente aquellos deseos y lentamente fue tomando forma nuestra futura residencia.

El paso siguiente fue decidir una serie de detalles técnicos con la ayuda de un ingeniero amigo. Nos recomendó armar una especie de «esqueleto en concreto» de toda la casa: columnas que luego sostendrían los techos, y vigas que encadenaban esas columnas. Fue otra etapa maravillosa.

Recuerdo a los albañiles preparando la mezcla y agregando piedras a la masa. El concreto era volcado en unos cajones de madera que contenían varillas de hierro entrelazadas, que aportarían la flexibilidad que las columnas y vigas requerían para no ceder.

Todo lo que es muy rígido finalmente tiende a quebrarse, y no queríamos que eso sucediera.

**Todo lo que es muy rígido finalmente tiende a quebrarse.**

«Las paredes internas debemos levantarlas con ladrillos huecos», dijo el ingeniero una tarde, cuando preparábamos la lista de la compra de los materiales.

Los llamados «ladrillos huecos», que se utilizan mucho en prácticamente todas las construcciones en España y otros países de Europa, tienen la característica de ser precisamente eso: huecos. Tienen unos orificios pasantes en su interior que los convierten en bloques muy livianos y económicos, siendo casi un 70% del volumen total del ladrillo, simplemente hueco.

Así lo hicimos, y jamás podré olvidar una mañana temprano, hacía frío, y llegué a la casa en obra para conversar con los albañiles y ver cómo estaba el trabajo en general. Al menos tres veces a la semana pasaba en algún momento del día para mirar los avances. Alguna que otra vez llegué intencionalmente a mediodía, a la hora del almuerzo, y compartí con ellos el famoso «asado de obra», una característica de los albañiles de las construcciones, allí, en la sureña ciudad de Buenos Aires.

Toman algunos recortes de madera, remanentes de los encofrados o moldes, que se hicieron antes para rellenar y construir las vigas y las columnas de concreto sólido, y con esos recortes y sobrantes de madera se prepara el fuego. Allí, a las brasas de aquellas maderitas prendidas se asentaba una parrilla, y sobre ella, algún pedazo de carne a cocinar lentamente, el que luego todos compartían con pan y vino.

Fue una experiencia única participar de los alimentos con ellos, y ver y escuchar a aquellos ásperos hombres riendo de chistes ingenuos, hablando de fútbol, de novias o proyectos.

Pero aquella mañana en particular solo había mate cocido. Era muy temprano y me ofrecieron un jarro que tomé con ganas. El mate cocido no es más que la infusión de la yerba mate, como un té preparado con agua bien caliente para entibiar los huesos fríos y poder sostener las herramientas de trabajo.

Me senté sobre una lata de brea vacía en el centro de lo que sería nuestra sala, y observé durante largo rato a uno de aquellos albañiles levantando «desde cero» la pared que dividiría el lugar de estar de la cocina.

Tomaba aquellos ladrillos huecos con su mano izquierda, con la derecha revolvía en un balde la mezcla, y levantaba un poco usando una cuchara de albañil. Con una habilidad que llegué a envidiarle, ponía ladrillo sobre ladrillo, línea por línea, apoyando siempre dos sobre uno, para entrelazarlos y que no cayeran.

Sentado, y boquiabierto, vi como en un lugar donde no había nada, ahora se levantaba una pared completa. Ya no se veía más el espacio asignado a la cocina; solo ladrillos rojos hasta el techo. Nada más que una pared.

«Parece la gran cosa», dijo el obrero, satisfecho por su trabajo. Agregó, cambiando el gesto: «Pero es de ladrillos huecos y aunque se ve sólida, si la golpeas, la derribas. El 30% es pared verdadera; lo demás es solo aire entre el barro cocido».

Mi estimado amigo y amiga que estás leyendo estas páginas, recibir una palabra de insulto o desprecio, de desánimo o reproche, dicha por alguien a quien queremos, tiene la capacidad de herirnos profundamente. Pero no deja de ser un «ladrillo hueco»: una mínima parte de verdad y luego solo aire dentro de barro cocido.

## Los «pobres» son blanco fácil

Santiago, hermano de Jesús, seguramente debió soportar la presión de las palabras que intentaban desprestigiarlo, como lo intentaron también con el mismo Jesús, y tal vez contigo.

Sin dudas, Santiago debió escuchar: «Oye, Santiago, tú eres el hijo de un carpintero. ¿Qué vienes a decirnos a nosotros que somos líderes religiosos de la primera hora? ¡Eres de Nazaret! ¿Puede algo bueno salir de ese pueblucho?».

Pero él, lejos de aceptar como válidas aquellas palabras de desánimo, e inspirado por el Espíritu Santo, escribe una carta memorable a los hijos de Abraham, dispersos por todo el mundo, y les dice:

> «*... la lengua es una llama de fuego. Es un mundo entero de maldad que corrompe todo el cuerpo. Puede incendiar toda la vida, porque el infierno mismo la enciende... maldice a quienes Dios creó a su propia imagen*» (Santiago 3:6 y 9).

Las palabras de desánimo, insulto y desprestigio son flechas fabricadas por el mismo diablo que apuntan a la mente y al corazón de cada ser humano. Y llegan a tu vida disparadas certeramente, por gente en quien confías. Sí, son «fuego amigo» con la intención de tomarte desprevenido y desprotegido. Tienen la intención de dañarte definitivamente, aunque a veces lleguen como «críticas constructivas» o «palabras de exhortación».

**Las palabras de desánimo, insulto y desprestigio llegan a tu vida disparadas por gente en quien confías.**

Son ladrillos huecos que solo contienen un tercio de verdad, pero lucen como bloques sólidos. Si fueran totalmente mentiras, las rechazarías, pero siempre contienen una parte de verdad para que duela, para que penetre y lastime.

Así, lentamente, juntamos en algún rincón de la sala todas esas palabras desgraciadas que van diciéndonos, año tras año; muchas veces, incluso, desde que somos apenas unos niños. Un día, quizás una mañana cualquiera, un trabajador de la construcción comienza a apilarlas y pegarlas, una sobre la otra, ante nuestra mirada incrédula, con gran destreza y velocidad. Y va formando con ellas la pared que finalmente nos limita, nos encierra, nos condiciona, nos ahoga y nos mata.

## Pero no olvides que son ladrillos huecos

Son palabras de maldición dirigidas a los benditos de Dios. Son la herramienta de destrucción preferida por el enemigo de las almas. *«Maldicen a quienes Dios creó a su propia imagen»*, al decir del apóstol Santiago. Cuando esas palabras mal intencionadas impactan sobre una vida «pobre», lastiman mucho.

Son «pobres» el hombre y la mujer que se imaginan a sí mismos como simples errores de la naturaleza, sin futuro eterno, solo como una coincidencia cósmica de dos elementos cualesquiera que se combinaron por accidente, o se miran al espejo y solo ven detrás suyo a un antepasado animal que fue evolucionando por la presión de la necesidad. Nunca podrán valorarse a sí mismos con el peso de la verdad. Nunca conocerán su auténtico potencial porque carecen de historia, de pasado y de conciencia de creación.

Esos hombres y esas mujeres son pobres y vulnerables a las palabras de maldición.

Son solo polvo, y aunque se eleven por las circunstancias de la vida, caerán pronto porque pertenecen al polvo. Cuando esas palabras de maldición se conviertan en todo un Muro, ese mismo Muro los ahogará.

No es así con quienes descubran su propia dignidad descubriendo la suma dignidad de su Creador. Ellos son fuertes porque su Padre es fuerte. Ellos son protegidos, consolados, respaldados, animados y validados. Ellos son eternos y amados porque su Padre lo es, y los ama.

## La dignidad de la creatura es hereditaria

Poco tiempo antes de que Josué tomara el desafío de caminar con el pueblo alrededor del gigantesco Muro de Jericó, hasta que en la séptima vuelta Dios lo redujera a escombros, se sentó a escuchar, al igual que todo el pueblo. Atentamente prestó su oído a uno de los últimos mensajes de Moisés, antes de partir a la presencia de su Dios. Cada uno de aquellos israelitas debía saber que nada creado o por crearse, arriba en el cielo o abajo en la tierra, podía siquiera acercarse a la dignidad del Dios que los guiaba.

Moisés sabía que la vida de cada hombre y mujer sería radicalmente distinta luego de que el Muro de Jericó cayera, y entraran a la tierra de la promesa. Sabía que algunos miraban aquel muro con desconfianza, sabía que nada sería sencillo, pero también era consciente de que una vez se había equivocado enviando, y luego escuchando, a los espías que dijeron que el Muro era infranqueable. Por eso debieron caminar 38 años más en ese desierto.

Ahora Moisés sabía que ningún Muro es infranqueable cuando se observa desde la perspectiva de Dios. Ningún gigante es invencible y ningún problema es imposible de resolver.

Aquella mañana el gran profeta Moisés le habló al pueblo desde el corazón y desde la experiencia; y, como a ellos antes, hoy nos dice a nosotros:

**Ningún Muro es infranqueable cuando se observa desde la perspectiva de Dios. Ningún gigante es invencible y ningún problema es imposible de resolver.**

*«Solamente él es tu Dios, el único digno de tu alabanza, el que ha hecho los milagros poderosos que viste con tus propios ojos»* (Deuteronomio 10:21).

Sí, mi estimado amigo y amiga, Dios es la suma de la dignidad, el único digno, excelso, superior, merecedor de toda la honra y la alabanza. Nada puede ser comparado con su magnificencia.

> *«¡Grande es el Señor! ¡Es el más digno de alabanza!»* (Salmos 96:4).

Él nos creó, a ti y a mí, a su imagen y semejanza. Te ofreció su dignidad, te la regaló al soplar su vida dentro de ti y convertirte en un ser humano.

Te concedió la posibilidad de conocer y amar libremente. Puso sobre ti entendimiento, voluntad, respeto y honor. Te compartió su propia capacidad de generar vida, de crear y cuidar lo creado. Insertó eternidad en ti, convirtiéndote en una persona.

Creó todo el universo y lo sometió a ti, ¡sí, a ti! Te dio dominio y señorío sobre su creación. Y como si todo eso hubiera sido poco, te amó profundamente, hasta el punto de entregarse a sí mismo por tu liberación, cuando te capturó el enemigo.

**Creó todo el universo y lo sometió a ti, sí, a ti.**

Nada hay más digno que el Creador, nada hay más digo que su creatura. Y ese eres tú. Mucho más aún de lo que crees o imaginas ser. Eres un hijo de Dios y compartes su excelsa dignidad.

El apóstol Pablo le escribe a los romanos, y a nosotros, una carta significativamente profunda, que yo resumo así:

«Señores, -nos dice- ustedes son mucho más que vencedores. De hecho no hay un podio preparado en este mundo en donde puedan ser honrados. Hay lugar para el tercer puesto, también para el segundo y sin dudas el más alto para el primero de los concursantes. Pero en la carrera de la vida un cristiano tiene asegurado un puesto superior, incluso al primero».

Por eso tú y yo, si Cristo mora en nosotros, somos más que vencedores, porque Él venció y nos comparte su triunfo.

> *«Entonces, ¿quién nos condenará? Nadie, porque Cristo Jesús murió por nosotros y resucitó por nosotros, y está sentado en el lugar de honor, a la derecha de Dios, e intercede por nosotros. ¿Acaso hay algo que pueda separarnos del amor de Cristo? ¿Será que él ya no nos ama si tenemos problemas o aflicciones, si somos perseguidos o pasamos hambre o estamos en la miseria o en peligro o bajo amenaza de muerte? (Como dicen las Escrituras: "Por tu causa nos matan cada día; nos tratan como a*

> *ovejas en el matadero").Claro que no, a pesar de todas estas cosas, nuestra victoria es absoluta por medio de Cristo, quien nos amó. Y estoy convencido de que nada podrá jamás separarnos del amor de Dios. Ni la muerte ni la vida, ni ángeles ni demonios, ni nuestros temores de hoy ni nuestras preocupaciones de mañana. Ni siquiera los poderes del infierno pueden separarnos del amor de Dios. Ningún poder en las alturas ni en las profundidades, de hecho, nada en toda la creación podrá jamás separarnos del amor de Dios, que está revelado en Cristo Jesús nuestro Señor»* (Romanos 8:34-39).

A decir del profeta Jeremías: Dios te conoce aún desde antes de que nacieras. Y a pesar de ti mismo y de todos los errores que cometiste, te ama y nada podrá separarte de su mano.

> *«—Te conocía aun antes de haberte formado en el vientre de tu madre»* (Jeremías 1.5).

Por eso, si Cristo vive en ti, has nacido de nuevo a una vida espiritual. Has entrado en la dimensión donde tu dignidad como persona no obedece a tus rasgos físicos o intelectuales, económicos o educativos. Tu dignidad proviene del único Dios, Jehová de los ejércitos. Y ese gran Dios te devuelve en Cristo la antigua y perdida dignidad absoluta de ser hijo del Altísimo. Ahora eres perdonado y restaurado por el sacrificio de Cristo en la cruz del calvario. Ahora eres amigo e hijo.

Eres digno en Cristo, merecedor de respeto, y no estás ya entre los «pobres» a quienes las palabras de desánimo, insulto o desprestigio hacen mella, lastiman y condicionan.

Para ti, que compartes la dignidad de persona creada directamente por Dios, esas palabras son simplemente «ladrillos huecos» que no ofrecen gran resistencia.

## DESCARTA EL 70%; UTILIZA EL 30%

Cuenta una historia que circula por Internet que un campesino marchaba con su viejo burro por el campo, cuando de repente, tapado por la maleza, halla un gran pozo de agua abandonado por demasiados años. No era muy profundo, pero significativamente grande.

El animal, que lo ve apenas centímetros antes de meter su pata delantera en él, da un brinco, asustado. El hombre puede saltar a tiempo y quedar en la superficie, pero el burro no corre con la misma suerte y se desploma junto con los bordes de la tierra seca que rodeaban el hueco, con todo el peso de su cuerpo, hasta el fondo. Cae lento, arrastrando tierra y maleza.

Luego de unos instantes en que ambos se reponen del susto y evalúan la situación, comienzan los esfuerzos del burro por salir, y del campesino por ayudarlo.

Poco tiempo después ambos entienden que no hay opción a la vista. El aldeano piensa: «Bueno… el burro ya no podrá salir del agujero, es viejo y está muy profundo, deberé matarlo y tapar este pozo para que nadie más caiga en él».

Lentamente, arrastrando los pies como buscando alternativas, el hombre abandona el lugar y regresa, a las pocas horas, con algunos amigos con palas y picos para tapar definitivamente aquel agujero, con el pobre burro dentro.

Todos miran al desdichado animal, condenado a morir sepultado en el mismo pozo que lo atrapó, y alguien dice: «pobre burro».

Desde el fondo, el animal, que no era tan «pobre» ni tan «burro», se da cuenta de la situación y decide poner «patas a la obra»". Cada pala de tierra que cae sobre su lomo, la sacude enérgicamente y da un paso encima de la tierra que caía debajo de sus extremidades. Los hombres, mirando para otro lado, por lástima del animal, ni siquiera se dan cuenta de lo que estaba sucediendo en el pozo.

Una mínima parte de cada palada de tierra que caía sobre su lomo y era sacudida, se convertía en un pequeño escalón que le acercaba a la superficie. Descartaba el 70%, y utilizaba el 30% restante para elevarse y lograr su objetivo.

Palada tras palada de tierra, escaloncito tras escaloncito, en un momento el burro salta del pozo y sale a la superficie para asombro de todos los que estaban allí, y para ejemplo nuestro de lo que se debe hacer con las palabras malintencionadas que dicen otros sobre nosotros.

Recuerda: aquellas palabras desdichadas que te arrojaron alguna vez a la cara, son huecas en un 70%. Sacúdete de encima lo que no es, y aprovecha para crecer, superarte y salir del pozo con el 30% restante.

## De repente

Cuenta la Biblia, en el libro de Josué, que el pueblo debía rodear el Muro de Jericó, en silencio, apresurando una marcha en procesión, siguiendo a los levitas que cargaban el Arca del Pacto, donde reposaba la presencia viva de Jehová de los Ejércitos. Debían hacerlo con hidalguía, con elegancia, con la dignidad de ser el Pueblo de la Promesa.

Debían transitar cada día marcando el paso, con la mirada en alto, sabiendo que aunque las murallas estaban aún de pie ante ellos, Dios había dicho que las destruiría, y eso era todo lo que necesitaban saber.

> *...«las puertas de Jericó estaban bien cerradas, porque la gente tenía miedo de los israelitas. A nadie se le permitía entrar ni salir. Pero el Señor le dijo a Josué: Te he entregado Jericó, a su rey y a todos sus guerreros fuertes. Tú y tus hombres de guerra marcharán alrededor de la ciudad una vez al día...»* (Josué 6:1-3).

La orden era marchar hasta ver el milagro. Eran conscientes de que no eran un simple pueblo nómada, pobre y desventurado, sin tierras, que saliera huyendo de Egipto luego de una serie de catástrofes que sacudieron al pueblo del delta del Nilo.

No, de ninguna manera. Cada israelita debía saber que era digno de poseer la tierra que le pertenecía por heredad. Las tablas de la ley que estaban dentro del Arca del Pacto eran el título de propiedad. Canaán era de Sem, el hijo mayor de Noé, desde que la tierra se secó, y cada israelita descendía de él a través de Abraham.

Por eso, ningún israelita bajó su cabeza aquel primer día de marcha. Y tú no debes bajarla hoy, porque así, **de repente**, el Muro que te limitó mentalmente, construido con las palabras desgraciadas que te fueron diciendo, ya es un montón de escombros.

> *«De repente, los muros de Jericó se derrumbaron»* (Josué 6:20).

**La tierra de la promesa es solo para los dignos.**

Levanta tus ojos al cielo y descúbrete digno en Dios. Porque la tierra prometida no es para cualquiera. La tierra de la promesa es solo para los dignos.

## De lo que tengo, te doy

A decir del apóstol Santiago, la lengua es muy difícil de controlar. Se irrita y devuelve mal por mal, herida por herida, palabra desgraciada por palabra desgraciada.

Tú sabes que en algún momento has colaborado para que otros también fabriquen ese Muro en sus mentes, el Muro de palabras desazonadas que hoy los tiene atrapados. Tú sabes, que al igual que lo hicieron contigo, también tú disparaste esas flechas verbales envenenadas a alguien, con la intención de herirlo profundamente.

Ahora, finalmente, ese primer Muro mental que te condicionaba fue destruido hasta los cimientos. Ahora sabes que eres digno hijo de Dios, y que tu comisión es caminar con la cabeza erguida, sabiendo que aunque haya problemas, eres más que vencedor en Cristo. Ahora sabes que de cada palabra mala que recibas, deberás extraer la parte de verdad y con sabiduría corregir lo corregible, para crecer y superarte. Ahora sabes que esas palabras son «ladrillos huecos», y que una gran parte solo debes sacudirla y quitártela de encima sin que te haga mella.

Ahora que sabes que compartes la dignidad de tu Padre Celestial, sí, ahora te toca volver sobre tus palabras, las que tú dijiste, y sanar -en lo que de ti dependa- todo lo que hayas lastimado.

Todo en la vida cristiana es un «recibir y dar», para que lo que recibas no se pudra, como el agua estancada de un tanque en desuso. Solo al momento en que abras un grifo y comience a salir el agua que tienes acumulada en el depósito, recién en ese momento podrá haber lugar para que, por encima, desde arriba, comience a entrar agua fresca.

Da del agua que tienes para que Dios continúe llenando tu vida de agua fresca y todo se convierta en un fluir continuo de la bendición: recibir, dar y recibir más para dar más.

A través del profeta Jeremías, recibimos la clara y simple dirección que necesitamos.

> *«Esto responde el Señor: —Si regresas a mí te restauraré para que puedas continuar sirviéndome. Si hablas palabras beneficiosas en vez de palabras despreciables, serás mi vocero. Tienes que influir en ellos; ¡no dejes que ellos influyan en ti!»* (Jeremías 15:19).

El Muro de lo que pensabas sobre ti mismo, basado en palabras desgraciadas, ha caído. Ya puedes vislumbrar la tierra prometida donde fluye la leche y la miel; donde circula la bendición. Es una tierra donde quizás jamás estuviste y debes conocer su primera ley: en la tierra prometida todo fluye, circula, se mueve. Lo que recibes lo debes entregar a otro, para así poder recibir más.

**En la tierra prometida todo fluye, circula, se mueve. Lo que recibes lo debes entregar a otro, para así poder recibir más.**

Dios te restauró *«para que puedas continuar sirviéndome»*, así te dice Dios.

Tu responsabilidad, amigo o amiga, ahora que tu primer Muro ha caído, es convertirte en un *«vocero»* de Dios, entregando solo *«palabras beneficiosas»* a la gente que te rodea. Tienes que influir en ellos; ¡no dejes que ellos influyan en ti!

Influir es dejar marcas profundas en la vida de las personas que nos rodean; huellas en su personalidad, para su propio bien.

Mateo nos relata en su evangelio, en el Capítulo 3, que Jesús recibió palabras de ánimo de su Padre.

> *«Después del bautismo, mientras Jesús salía del agua, los cielos se abrieron y vio al Espíritu de Dios que descendía sobre él como una paloma. Y una voz dijo desde el cielo: "Este es mi Hijo muy amado, quien me da gran gozo"»* (Mateo 3:16-17).

¿Jesús necesitaba esas palabras de ánimo? Sí, ¡las necesitaba! Él también precisaba palabras de respaldo ante la mirada de Juan y toda la gente que le vio salir de las aguas del Jordán. Jesús estaba por apartarse durante 40 días en el desierto y luego comenzaría su trabajo de tres años. Necesitaba que su Padre le dijera cuánto lo quería y lo orgulloso que estaba de Él.

Tu hijo, o hija, necesita que le digas que le amas y que estás orgulloso de él o ella.

**Tu hijo, o hija, necesita que le digas que le amas.**

Tu esposa, tu esposo, necesita que le reconozcas, que le digas lo importante que es para ti. Tus compañeros de trabajo, tus jefes o tus subordinados necesitan lo mismo. En cualquier posición que te encuentres, puedes ofrecer palabras beneficiosas a quienes te rodean.

No las regales como simple adulación, no las rebajes hasta el límite de ofrecerlas sin sentido. No las utilices como muletilla antes de dar una mala noticia. Sé sincero, porque Dios contigo lo ha sido, y solo debes dar lo que recibiste.

No lo hagas una sola vez pensando en cumplir. No guardes las palabras beneficiosas para ti porque se pudrirán dentro, y dejarás de recibir nuevas. Ofrécelas constantemente y recibirás constantemente, porque esa es ahora la ley de la nueva tierra que habitas, donde la leche y la miel de la bendición de Dios fluye; donde nada más es estático...donde nada que te guardes te pertenece.

Apenas unos meses después de recibir palabras de ánimo al ser bautizado, Jesús se halla en el monte de la transfiguración con algunos de sus discípulos, y nos cuenta también Mateo que una nube cubrió todo el lugar y nuevamente se oyó la voz de Dios diciendo: «*Este es mi Hijo muy amado... Escúchenlo a él*».

*«No había terminado de hablar cuando una nube brillante los cubrió, y desde la nube una voz dijo: "Este es mi Hijo muy amado, quien me da gran gozo. Escúchenlo a él"»* (Mateo 17:5).

Anima a alguien una vez, y anima cada vez que tengas la oportunidad. Respalda, alienta, da esperanza. ¡Que a partir de hoy comiences a ser conocido en tu círculo por el ánimo que das! ¡Que seas reconocido por las huellas, por las marcas de bendición en tus hijos, de amor en tus padres, de paz en tu hogar!

**Anima cada vez que tengas la oportunidad.**

# CAPÍTULO 2

# Derribo el Muro alrededor de mi cuerpo: la falsa imagen

El partido de fútbol entre casados y solteros era un clásico en los picnics y campamentos de la iglesia. Tanta era la pasión que generaba el encuentro que hasta se habían confeccionado camisetas que identificaban a cada equipo. Luego de algunos encuentros, la marcada superioridad de los «casados» era tema de conversación, y hasta de estudios profundos durante el año. Por supuesto, no quedaban al margen los chistes, e incluso algunos malos entendidos que derivaban en disgustos de algún efusivo, teniendo que intervenir el pastor, que por momentos tampoco contaba con demasiado crédito, ya que era el goleador del equipo de los casados, y se le notaba «algo parcial» en sus consejos.

Dentro del equipo de los que habían pasado por el altar, podía notarse dos jugadores típicos: el que pensaba que los años no le habían hecho mella, y el que se sabía con cierto desgaste natural y lógico, y utilizaba la sabiduría que da una barriga prominente, marca indeleble de un «casado», para correr lo estrictamente necesario y guardar energías para el momento adecuado.

El primer tiempo de juego, de cualquier encuentro, marcaba el límite de los primeros, los que pensaban que podían correr como antes y disfrutar de la misma agilidad que tenían cuando jóvenes. Allí quedaban, tendidos tratando de respirar como pez fuera del agua.

Los segundos, los que median sus fuerzas sabiendo que ya no tenían tantas, lograban llegar al final, e incluso llegaban a ser los artífices de la victoria.

El gran secreto transmitido por los mayores, a quienes cada tanto se incorporaban al equipo por haber cambiado de estatus, era simple: conócete a ti mismo.

**Conócete a ti mismo.**

Esa es una frase que encierra toda una filosofía de vida que analizaremos juntos para destruir el segundo Muro que te rodea y te ahoga... una pared que muy posiblemente fuiste construyendo a través de los años.

Sea por más o por menos, sea que te creas gigante o enano, en este capítulo enviaremos los espías necesarios para detectar el Muro de la imagen falsa que tienes y proyectas de ti mismo, y lo demoleremos aprendiendo a no ser tan perfectos, ni tan imperfectos. Simplemente aprenderemos a ser lo que Dios quiere que seamos, y aprenderemos a valorarnos, querernos y aceptarnos tal como somos; porque lo importante en este juego de la vida no es solo empezar, sino también terminar con la frente en alto, habiendo jugado en equipo y ganado, aunque el contrincante haya sido un «hueso duro de roer».

## Mirémonos al espejo

Quedó grabado en mi mente el dibujo de un caricaturista que en apenas un par de trazos pudo identificar la imagen, muchas veces errónea, que creemos y proyectamos de nosotros mismos. Dibujó en aquel papel a un hombre entrado en años y kilos, que se veía a sí mismo en el espejo como un atleta. Quizás es una foto de aquellos hombres mayores que comenzaban el encuentro futbolístico sin medir sus fuerzas, su ejército, y quedaron fuera del campo de juego, en el camino, como advierte la parábola que Jesús les dejara, para meditar, a un grupo de judíos que le seguían.

> *«...no comiences sin calcular el costo. Pues, ¿quién comenzaría a construir un edificio sin primero calcular el costo para ver si hay suficiente dinero para terminarlo? De no ser así, tal vez termines solamente los cimientos antes de quedarte sin dinero, y entonces todos se reirán de ti. Dirán: "¡Ahí está el que comenzó un edificio y no pudo terminarlo!"»* (Lucas 14:28-30).

Conocerse a sí mismo es la primera clave para derribar el Muro; luego aceptarse y finalmente reconocerse como parte de un todo. Esta será la fórmula que utilizaremos, y Dios dará la victoria.

## Clave número 1: Conócete a ti mismo

Delfos, la ciudad griega hoy declarada como patrimonio histórico de la humanidad, era antiguamente el lugar de un templo dedicado a uno de los tantos dioses que ostentaban los griegos. Allí, en el pórtico de aquel templo, alguien escribió la frase «conócete a ti mismo».

Entre muchos que a través de los siglos han hecho referencia a esa frase, encontramos al famoso filósofo Sócrates, quien agregaba en sus clases magistrales el concepto de que cuando te conozcas, recién en ese momento, «aprenderás a cuidar de ti».

Cuando una persona nos pregunta: ¿qué es lo que imaginas que la gente ve en ti?, inmediatamente nos golpea un sentimiento de confusión. ¿De qué estamos hablando? ¿De lo que soy, de lo que quisiera ser, de cómo me veo, o de cómo me ven los demás?

Luego, intentamos tomarnos una fotografía con la sana intención de plasmar la realidad, e inmediatamente tratamos de describirla con palabras. Allí podríamos encontrarnos con alguien que tiene una autoestima baja, y se valora a sí mismo negativamente; o con alguien que maneja conceptos exagerados de sí mismo y de sus capacidades.

Aquel mismo caricaturista, con la idea de expresar en un dibujo las diferencias entre un hombre y una mujer en la forma de proyectarse, también dibujó a una esbelta y joven mujer, que se veía al espejo con varios kilos de más y una figura deslucida por los años.

Unos para más, otros para menos. Pero tal como nos vemos, así nos proyectamos. Y ni lo uno ni lo otro se ajusta, en la mayoría de nosotros, a la realidad. Y tanto unos como otros terminamos viviendo a la sombra de nuestro propio Muro, pensando que somos lo que creemos que somos a la luz de las experiencias positivas, que nos dieron

**Tal como nos vemos, así nos proyectamos.**

seguridad sobre nuestro cuerpo; o a luz de las experiencias negativas que nos cargaron de inseguridades.

## El espejo de la verdad

Son tantos los factores humanos, propios y adquiridos del medio en que nos movemos que contribuyen a lo largo de una vida a la fabricación de este Muro, que sería complicado, y tal vez hasta inútil, ver los conceptos de la «imagen falsa de uno mismo», desde el problema en sí.

Tanto Sócrates, Aristóteles y todos los filósofos de la Grecia clásica, los izquierdistas como Engels, materialistas como Spencer, o escépticos como Sartre, todos buscaron dentro del hombre la solución del hombre. A través de los siglos, nacieron y murieron dejando más o menos información acerca de la generalizada confusión que vive un hombre solo, lejos de su creador.

David, un hombre distinto, que a pesar de sus grandes errores vivió según el corazón de Dios, porque se vio como una herramienta en sus manos, escribió lo siguiente:

> *«Oh Señor, has examinado mi corazón y sabes todo acerca de mí. Sabes cuándo me siento y cuándo me levanto; conoces mis pensamientos aun cuando me encuentro lejos. Me ves cuando viajo y cuando descanso en casa. Sabes todo lo que hago.*
>
> *Sabes lo que voy a decir incluso antes de que lo diga, Señor.*
>
> *Semejante conocimiento es demasiado maravilloso para mí, ¡es tan elevado que no puedo entenderlo!*

*Tú me observabas mientras iba cobrando forma en secreto, mientras se entretejían mis partes en la oscuridad de la matriz. Me viste antes de que naciera. Cada día de mi vida estaba registrado en tu libro. Cada momento fue diseñado antes de que un solo día pasara.*

*Examíname, oh Dios, y conoce mi corazón; pruébame y conoce los pensamientos que me inquietan. Señálame cualquier cosa en mí que te ofenda y guíame por el camino de la vida eterna»* (Salmo 139).

Pocas palabras para discernir en lo que es, quizás, el conflicto más profundo de un hombre y de una mujer. Son pocas palabras, pero profundas y verdaderas: «Señor, tú sabes todo acerca de mí».

La Palabra de Dios es el espejo donde un cristiano debe obligatoriamente reflejarse para llegar a conocerse a sí mismo. Porque no hay nada creado o por crearse que escape a las simples instrucciones que el creador dejó sobre su creación: La Biblia.

Todo espejo en donde intentemos reflejarnos, que no sea la Palabra de Dios, proyectará una imagen distorsionada que pasará a través de nuestra experiencia en la vida, y nos ofrecerá una visión parcial de la verdad. Precisamente veremos solo la parte que no es importante.

La Palabra de Dios es el espejo divino donde podemos ver, en primer lugar, que hemos sido creados directamente por Dios, a su propia imagen y semejanza; un espejo donde veremos también que somos mucho más que la casa donde vivimos. La Palabra de Dios es un cristal que refleja la dignidad y la eternidad que depositó Dios mismo en cada hombre y en cada mujer.

El apóstol Pablo, en su carta a los cristianos que vivían en la ciudad de Corinto, escribe uno de los pasajes más profundos haciendo referencia a este tema.

> *«Pues sabemos que, cuando se desarme esta carpa terrenal en la cual vivimos (es decir, cuando muramos y dejemos este cuerpo terrenal), tendremos una casa en el cielo, un cuerpo eterno hecho para nosotros por Dios mismo y no por manos humanas. Nos fatigamos en nuestro cuerpo actual y anhelamos ponernos nuestro cuerpo celestial como si fuera ropa nueva. Pues nos vestiremos con un cuerpo celestial; no seremos espíritus sin cuerpo. Mientras vivimos en este cuerpo terrenal, gemimos y suspiramos, pero no es que queramos morir y deshacernos de este cuerpo que nos viste. Más bien, queremos ponernos nuestro cuerpo nuevo para que este cuerpo que muere sea consumido por la vida. Dios mismo nos ha preparado para esto, y como garantía nos ha dado su Espíritu Santo.*
>
> *Así que siempre vivimos en plena confianza, aunque sabemos que mientras vivamos en este cuerpo no estamos en el hogar celestial con el Señor. Pues vivimos por lo que creemos y no por lo que vemos»* (2 Corintios 5:1-7).

Vivimos bombardeados por imágenes de hombres y mujeres que la sociedad de consumo fabricó como estereotipos de la perfección. Pero nadie nos advierte que ellos también son tiendas de campaña, frágiles y poco duraderas. Con ellos nos comparamos y sufrimos cuando la edad, los kilos extras, la altura, el color de la piel o los ojos, no se ajustan a esa fotografía que aparenta perfección.

Para conocerse verdaderamente hay que verse desde la perspectiva divina. Y ya no habrá confusión porque nos veremos como Dios nos ve: únicos, preciosos, eternos.

**Para conocerse verdaderamente hay que verse desde la perspectiva divina.**

Pero para que el Muro de los complejos que nos asedian en referencia a nuestro cuerpo y condición, caiga definitivamente abriéndonos paso a la tierra prometida, no basta solo con verse tal y como uno es, desde los ojos de Dios; sino también hay que actuar consecuentemente con ello. Y para hacer esto, hay que aceptarse.

## Clave número 2: Acéptate

Aceptarse, después de conocerse a sí mismo, se logra viviendo en una constante actitud de agradecimiento a Dios.

> «*...Díganle a Dios lo que necesitan y denle gracias por todo lo que él ha hecho*» (Filipenses 4:6).

Siempre habrá algo que necesitemos. Y está bien pedírselo a Dios en oración sabiendo que en su voluntad, nos dará lo que sea de beneficio para nuestra vida. Pero la actitud de agradecimiento es lo que marca la diferencia, porque vivir en acción de gracias es un modo constante de satisfacción, que subraya la aceptación de uno mismo.

Rodolfo era ya un hombre de edad avanzada. Subió con cuidado los tres escalones a la tarima del templo, donde estaba el atril. A su lado caminaba su esposa. Ese día celebraban 50 años de casados.

Rodolfo miró a su esposa, miró a la gente de la congregación que esperaba sus palabras y dijo: «Quiero agradecerle a Dios el privilegio que me dio de permitirme envejecer junto a esta mujer». Ambos bajaron juntos a sentarse otra vez en sus lugares, entre la gente.

Sí, es un privilegio envejecer, aunque todos quisiéramos tener los años jóvenes nuevamente. Sí, es un privilegio caminar, aunque algunos quisieran correr. Sí, es un privilegio comer, aunque algunos quisieran alguna otra comida.

**Una actitud constante de gratitud es lo que marca la diferencia entre aceptarse, o no hacerlo.**

Una actitud constante de gratitud es lo que marca la diferencia entre aceptarse, o no hacerlo.

## Diferencia entre aceptación y conformismo

Este Muro, el de los complejos sobre nuestro cuerpo y su condición, tiene una trampa, un foso que lo circunda lleno de agua y cocodrilos. No es fácil destruirlo, aunque hayamos dados los 2 pasos indispensables: conocernos a nosotros mismos, desde la perspectiva divina; y aceptarnos manteniendo una constante actitud de agradecimiento a Dios por lo que somos.

La trampa se llama «conformismo»: una actitud de desidia totalmente opuesta al concepto de aceptación agradecida mientras se lucha por el objetivo, presentando el pedido en oración a Dios.

No es cuestión de abandonarse externamente, pensando que lo hago porque lo que vale es el interior. Sí, es verdad, lo que vale es el interior, pero una cosa no anula la otra, y debemos superarnos en los aspectos «superables» de nuestra condición.

Por lo tanto, si de ti depende bajar esos kilogramos extras que se acumularon en alguna parte de tu cuerpo, que quizás te están causando problemas de salud, bájalos. Si hay un vicio que está lastimando tu cuerpo o sometiéndolo a una prisión, déjalo inmediatamente, porque el cuerpo es también la casa donde se hospeda el Espíritu de Dios y es la herramienta que también el mismo Dios eligió para dar a conocer su nombre en el mundo entero.

Cuando la vida misma nos consume, es un privilegio aceptarlo con agradecimiento, en la paz y la seguridad que da el saber que un nuevo vestido nos espera. Pero cuando nos consume el propio pecado y las consecuencias de esos errores se reflejan en el cuerpo, y no actuamos para solucionarlo, simplemente perdemos autoridad para presentar las buenas nuevas de salvación, y fallamos como herramientas de bendición.

**No te conformes; conócete, acéptate y lucha por mejorar.**

No te conformes; conócete, acéptate y lucha por mejorar.

## Clave número 3: Parte de un todo

El Muro está a punto de caer. Ahora solo debes descubrirte como parte de un glorioso cuerpo formado por muchas personas que caminan hacia la glorificación total.

Henry Van Dyke [1], poeta estadounidense que vivió entre los años 1852 y 1933, y pastor de una iglesia Presbiteriana, escribió: «El bosque estaría muy silencioso si solo cantasen los pájaros que mejor cantan».

La vida cristiana no se trata de un concierto de una sola persona, donde el mejor exponente del don se para frente a un micrófono y deleita a los oyentes. La vida cristiana es un coro con millones de cuerpos y voces que se complementan en un equipo, y ofrecen una sinfonía que agrada a Dios.

No existe en la Iglesia de Cristo el concepto de «actores» y «espectadores». O se es actor, o no se es nada.

**No existe en la Iglesia de Cristo el concepto de "actores" y "espectadores".**

La vida cristiana es un teatro sin butacas, un estadio sin graderías, un escenario sin tribunas, donde «ser parte» y «vivir arriba del escenario» es el único lugar disponible.

El apóstol Pablo nos recuerda:

> «*Así como nuestro cuerpo tiene muchas partes y cada parte tiene una función específica, el cuerpo de Cristo también*» (Romanos 12:4).

En el bosque, el canto de las distintas aves produce un sonido único. Es muy difícil diferenciar uno del otro. Es un concierto donde el resultado final suma, en un solo cuerpo y en una sola pieza musical, al canario y al loro, al ruiseñor, a la calandria y al búho, a todos y cada uno, al unísono.

No eres perfecto, ni completo. Lo que haces nunca estará 100% bien. Tus fuerzas son pocas y te das por vencido con mucha facilidad. Pero todos tus aciertos, junto a todos tus desaciertos, forman parte y se complementan con el resto de los cristianos para formar la obra de Dios: su Iglesia.

Debemos comprender que fuimos creados para ser parte de un todo, para jugar en equipo. Por lo tanto, demos en el lugar donde estamos y tal cual somos, todo lo que Dios no dio para dar y ser, hasta el límite, sin dejar nada de lo que tenemos para nosotros mismos.

Si hoy nos toca servir, y otro día nos toca dirigir, no tengas una imagen de ti mismo mayor porque hoy diriges, o menor porque hoy sirves. La posición en la orquesta depende del Director.

Seguramente Josué, al ver las altas murallas de Jericó, pensó que no era el indicado para la gran misión de conquistar la tierra de Canaán, pero escuchó claramente la voz de Dios que le dijo:

> «*¡Sé fuerte y valiente! No tengas miedo ni te desanimes, porque el Señor tu Dios está contigo dondequiera que vayas*» (Josué 1:9).

Y aunque seguramente sintió que no era «el pájaro que mejor cantaba», el pueblo de Israel entró, de la mano de su liderazgo, en la tierra que posee hasta hoy. Y en la Biblia, compuesta por 66 libros, ninguno de ellos se llama Moisés, ¡pero el sexto libro del Antiguo Testamento lleva el nombre de Josué!

Como a Josué, Dios te dice hoy: No tengas miedo, no te desanimes, que yo estoy contigo.

**No tengas miedo, no te desanimes, que yo estoy contigo.**

El Muro de tus complejos ya no existe porque te descubriste en el espejo de la Palabra de Dios, te aceptaste convirtiéndote en una persona agradecida, y te viste rodeado de miles de otras personas como tú, que luchan contra sus Muros, todos caminando hacia el mismo destino glorioso, complementándose, ayudándose y respaldándose.

# CAPÍTULO 3

# Derribo el Muro alrededor de mi familia: el círculo íntimo

## UNA RAMA SALVADORA

El «árbol de los problemas» es la ilustración típica de cualquier consejero que desea graficar las dificultades de una persona durante un difícil día de trabajo, y presentar una linda y gráfica opción para dejar fuera de la casa todos esos problemas del día.

Puede ser cualquier oficio, ya sea carpintero, pintor o electricista. Pero el relato nace en «uno de esos días» en que todo sale mal y se complica de una manera exagerada, arrastrando una cosa a la siguiente, hasta que el día se convierte en un verdadero pandemónium.

Alguien lleva en su automóvil al desafortunado protagonista de la historia y lo recoge al día siguiente. Este buen samaritano nota que el hombre, cargado de problemas, antes de entrar a su casa toca la rama de un árbol de su jardín. A la mañana siguiente, cuando lo recoge, observa perplejo que al salir de su casa, la vuelve a tocar.

«¿Qué significa eso de tocar la rama al entrar por la noche y tocarla otra vez al salir por la mañana?», pregunta el amigo. A lo que el hombre responde: «Es que cada día, antes de entrar a mi casa, dejo colgados en la rama del árbol todos mis problemas, y a la mañana los recojo para lidiar con ellos nuevamente. Es el árbol de mis problemas», agrega.

Tal vez el relato, aunque bien intencionado, olvida dos cosas importantes: la primera es que muchos de los problemas más duros y difíciles de solucionar están dentro de la casa y no fuera. La segunda es que, aunque hagamos el esfuerzo de dejar fuera los problemas de externos, seguimos siendo nosotros mismos, tanto dentro como fuera del hogar. Las situaciones que se generan, tanto en un lugar como en el otro, alteran el todo porque nos alteran a nosotros que, portadores del problema, somos el denominador común en cualquier lugar.

**Muchos de los problemas más duros y difíciles de solucionar están dentro de la casa y no fuera.**

Y ya que el famoso «árbol de los problemas» y sus «ramas salvadoras», junto a decenas de otras soluciones originales y motivadoras, definitivamente no funcionan, (y esto es evidente solo al ver la cantidad de hogares que se destruyen constantemente), resolvemos construir un Muro. La realidad nos abruma, nos supera y decidimos levantar una pared bien alta que nos aísle.

## El Muro hogareño

La idea original de amontonar ladrillos sobre ladrillos comienza con la sana intención de «separar», para evitar problemas.

Emprendemos la construcción del Muro cuando vemos el desastre causado por intentar descargar las tensiones del día de trabajo sobre nuestra pareja, que a su vez llega cargado o cargada por sus propios problemas de un día largo y pesado.

En la sala, o tal vez en el dormitorio, que gracias a la explosión de las personalidades se convierte por arte de magia en un *ring* de boxeo, se encuentran los dos titanes, los dos protagonistas principales: él y ella. Suena la campana, que puede ser cualquier pregunta o necesidad de decisión que tenga más de una opción, y el infierno se desata con tal magnitud que horrorizaría a cualquier director cinematográfico de películas de acción extrema.

En estos conflictos solo hay perdedores. Al descubrirlo luego de varios *rounds*, ambos deciden en silencio no arriesgar más y separar las cosas. Día tras día, ladrillo tras ladrillo, una tras otra las situaciones conflictivas, vamos construyendo un Muro gigantesco en el que colaboran ambas partes involucradas.

Luego, quizás, en algunas familias con niños adolescentes, ellos también deciden poner manos a la obra y fabricar su propio Muro.

Un Muro separa la casa del trabajo; otro Muro la esposa de los amigos; otro Muro separa una forma de proceder en la calle, de otra forma en el hogar.

Luego, con el paso de los años, aquel Muro que fuera construido para proteger a los que amamos de las inclemencias del tiempo fuera de la casa, termina por sofocar la relación y ahogarla definitivamente.

En este capítulo trabajaremos para destruir este Muro salvaje que construimos en nuestro hogar, que de seguir en pie, no solo impedirá el paso hacia la tierra prometida, sino que actuará como un ancla, sosteniéndonos y amarrándonos al fondo, sin poder avanzar en la vida: tanto en la vida de relación, como en la vida laboral y más aún, en la vida ministerial.

## El ADN de corcho

Si tomamos unos minutos para pensar en un simple corcho olvidado dentro de un recipiente vacío, nos lo imaginaremos en el fondo del balde. El corcho es, básicamente, un trozo de corteza de un árbol originario de Europa llamado alcornoque. El uso más difundido es como un tapón para botellas de vino, aceite y otras bebidas que deben mantenerse protegidas dentro de la botella.

Ahora imaginemos que comenzamos a agregar agua dentro de ese recipiente que contiene nuestro corcho. Vemos cómo a medida que llenamos el cubo, el corcho se eleva, manteniéndose siempre en la superficie, porque su ADN, su constitución interna, le impide hundirse, pero también le impide elevarse, a no ser que flote sobre una superficie líquida. Es que el corcho nació para flotar, pero no flota solo.

El corcho simboliza tu vida, y el agua, tu familia: tu círculo íntimo. Nunca saldrás del fondo sin la ayuda del agua, aunque hayas nacido para flotar y todo tu ser esté listo para navegar.

El Muro que existe hoy en tu hogar, lo único que logra es separarte del agua y mantenerte en el fondo.

## El círculo íntimo

En un nivel de liderazgo empresarial, se denomina «círculo íntimo» a un grupo de personas que están muy cercanas y familiarizadas con la dirección de la empresa, y que actúan como soporte y contención de quienes toman las decisiones fundamentales del manejo de la compañía.

Un círculo íntimo recibe y contiene al directivo, apoyándolo si fuera necesario con ideas creativas y consejos orientados a la búsqueda de la mejor decisión, sin olvidar la persona. Porque el círculo íntimo descubre su esencia y función en la capacidad de ayudar al líder a distenderse y relajarse en la búsqueda de una salida. Primero apoya a la persona y luego a la función.

La primera prueba de la capacidad de un líder es el equipo que convoca para asistirlo. La formación de este grupo de personas que pasan a formar su círculo íntimo es lo que determinará, en el futuro, el horizonte de los alcances de ese líder. A mejor círculo íntimo, mejor liderazgo.

**A mejor círculo íntimo, mejor liderazgo.**

Es común escuchar, ante la caída de un líder, tanto político, como empresarial y aun ministerial, la frase: «fracasó porque no se supo rodear de la mejor gente».

Existen otras tres particularidades de los círculos íntimos. Una de ellas es que todos los formamos, estemos o no en posición de liderazgo, seamos o no conscientes de ello, porque somos criaturas sociales. Nos caracteriza crear y mantener un pequeño grupo de gente cercana.

La segunda es que estos círculos de gente que nos rodea, en mayor o menor intimidad, sostienen otros círculos dentro de ellos mismos. En la medida en que nos acercamos al interior de una persona, comienzan a aparecer esos «otros círculos» más pequeños que también la cercan y que, incluso, ejercen una influencia todavía mayor.

**La influencia es inversamente proporcional al tamaño del círculo íntimo.**

Es decir, la influencia es inversamente proporcional al tamaño del círculo íntimo. Mientras más pequeño es, más influencia ejerce.

Desde el grupo cercano donde se conversan las ideas sobre el desarrollo de una función empresarial o ministerial, pasando por los grupos de compañeros de segundo nivel donde se comparten ratos de ocio, hasta el grupo de los amigos íntimos, y por último el círculo familiar, todos y cada uno ejercen influencia sobre tu persona. Pero es el primero de estos círculos, el más pequeño en la mayoría de los casos, el que decidirá si finalmente flotas o te quedas en el fondo: tu familia.

La última de las características particulares de todos los círculos íntimos es que cuando fallan, no son ellos los que lo hacen. El que falla siempre eres tú. El que se equivoca no es el círculo, sino el eje en donde gira y se asienta ese círculo.

## Sobre ramas, corchos y agua

1. No hay «ramas salvadoras» donde puedas colgar tus problemas antes de entrar a tu hogar y recuperarlos al salir de este, para manejarlos y solucionarlos externamente. Pero sí hay una alternativa bíblica para seguir, una vez que hayas destruido el Muro que levantaste en tu casa. Y la veremos a continuación, en este mismo capítulo.

2. Representas un corcho que fue diseñado por Dios para flotar. La flotabilidad está en tu ADN; y depende de tu círculo íntimo, la altura que alcances.

3. El recipiente en donde estás no se llena solo de agua. Hay que trabajar mucho para lograrlo, pero una vez lleno, solo flotas en la superficie. La forma de llenarlo es destruir por completo el Muro que te separa del agua, y dejar que esa agua inunde tu balde.

## Un equipo divino

Tenemos como objetivo derribar el Muro que se haya instalado en medio de tu hogar; la pared que te separa de tu pareja… esa división construida con el paso de los años, que naciera alguna vez cuando decidieron que una cosa es la familia y otra el trabajo y los amigos. Fue una decisión que te amarró al fondo, que te limitó y te convirtió simplemente en un corcho, solo, apoyado en el fondo de un tarro seco.

Cuando Dios te creó, no pensó solo en ti como un ente impar. Te imaginó en equipo.

*«Así que Dios creó a los seres humanos a su propia imagen. A imagen de Dios los creó; hombre y mujer los creó. Luego Dios los bendijo con las siguientes palabras: "Sean fructíferos y multiplíquense. Llenen la tierra y gobiernen sobre ella. Reinen sobre los peces del mar, las aves del cielo y todos los animales que corren por el suelo"»* (Génesis 1:27-28).

El concepto de equipo no nació de los ejecutivos, no lo inventó Henry Ford cuando planeó armar los autos en una cadena de montaje, donde cada uno hace una parte mínima que se complementa con la parte que realizaba otro compañero. No nació de una estrategia de guerra, ni la inventó un coach de fútbol.

**No podrías multiplicarte si no fuera por tu pareja. ¿Por qué piensas que podrías ser fructífero sin ella?**

Fue Dios quien dijo: *«No es bueno que el hombre esté solo»* (Génesis 2:18). La familia fue su primer proyecto, el equipo, el complemento. Y juntos, les dijo: *«Sean fructíferos y multiplíquense»*. No expresó: «Cada uno por su lado». Indicó: Juntos *«sean fructíferos y multiplíquense»*. De hecho, no existiríamos como raza humana si Dios mismo en su eterna sabiduría no hubiese dejado intrínseco el deseo de reproducción bajo el complemento del sexo, que nos obliga a la íntima unidad para generar la vida que nos entregó.

No podrías multiplicarte si no fuera por tu pareja. ¿Por qué piensas que podrías ser fructífero sin ella?

## UN EQUIPO DIVIDIDO

Ese es el enemigo de nuestra felicidad, de nuestro éxito. El enemigo de nuestra flotabilidad no puede quitarnos el ADN que Dios mismo dejó en cada hombre y mujer, pero sí puede engañarnos para que voluntariamente nos separemos del complemento que nos permite elevarnos y alcanzar el éxito en la vida.

Quedé extasiado mirando un documental filmado por un canal de televisión especializado en la vida animal. Mediante un trabajo de producción minucioso, lograron poner cámaras de alta definición, automatizadas, en medio de la sabana africana para estudiar la vida de los leones.

Luego, editaron y produjeron un documental fascinante, donde puede observarse una manada de búfalos pastando en la pradera, totalmente ajenos al peligro que les acecha. Un león se halla escondido entre los pastos secos. Como la altura de la maleza no lo ocultaba totalmente, el león se echa sobre su lomo para ocultarse y espera con paciencia, observando el lento movimiento de la manada.

Pasan las horas y puede verse en cámara rápida el sol dejando ahora sombras extensas, haciendo notar que la tarde está llegando a su clímax y se acerca la noche.

El león sigue allí, echado y expectante. De pronto, la manada comienza a desplazarse algunos pocos metros y un búfalo distraído, de espaldas, deja de acompañarlos. El león lo nota y comienza a arrastrarse sigilosamente marcando un círculo, donde en un primer momento parece que se aleja, para luego ir ubicándose entre la manada, que seguía avanzando, y el búfalo que seguía comiendo distraído y dejando que la distancia entre él y sus compañeros se extendiera peligrosamente.

El león, luego de arrastrarse un largo trecho para no ser visto ni por la manada ni por el distraído búfalo, logra ubicarse entre ambos, justo en medio del camino que el búfalo solitario debería andar para reencontrarse con sus amigos. En ese momento, y con una actitud soberbia, el león se incorpora sobre sus cuatro patas. En ese momento todos lo ven. La manada lo ve y comienza a agruparse instintivamente ante el peligro. Y también lo ve el pobre búfalo, que descuidadamente se había separado de su círculo de protección.

Al instante, el solitario entra en pánico y comienza una alocada carrera para huir del león, tal vez sin darse cuenta que su huida lo separaba aún más de la manada. En ese momento las cámaras enfocan al león, quien da un salto, y haciendo gala de una agilidad increíble, en apenas unos segundos, da alcance a su presa y la ataca matándola en segundos… una visión aterradora de una realidad también aterradora.

A lo lejos, la manada mira el triste espectáculo y se escucha el bramido de un solo búfalo, quizás alguien que lo quería y lloraba ante la pérdida. Posiblemente ahora, luego de leer esta espeluznante y real historia de un búfalo distraído, recuerdes las palabras del apóstol Pedro cuando dice:

> «*¡Estén alerta! Cuídense de su gran enemigo, el diablo, porque anda al acecho como un león rugiente, buscando a quién devorar*» (1 Pedro 5:8).

## Desde Adán y Eva: separa y triunfa

El enemigo de nuestro éxito, el que desea vernos en el fondo del balde sin la posibilidad de flotar libremente y alcanzar los horizontes para los cuales Dios nos creó (sí, el diablo, satanás) está constantemente al acecho, escondido para no ser visto, pero allí, cerca, observando tu vida. Él se alegra cuando comienzas a levantar el Muro dentro de tu hogar para separar las cosas, y se relame de gusto al saber que pronto podrá devorarte. Se goza cuando te escucha decir: «Con mi sueldo vamos a pagar esto y aquello, y con el tuyo esto y lo otro, vamos a dividir las responsabilidades dentro del hogar». Se alegra cuando escucha: «Me voy con mis amigos», u «Hoy es una tarde de solteras».

La primera historia triste en el génesis de la vida, cuando el hombre y la mujer gozaban de la compañía divina y caminaban por el huerto sin complejos ni temores, acontece en el momento en que por algún motivo se separan. Quizás lo hicieron solo por algunos minutos, y tal vez no estaban tan lejos uno del otro. Sin embargo, la Biblia nos cuenta que el diablo aprovechó el momento y lentamente se acercó a la mujer y la tentó. Siempre me pregunté si hubiese sido igual la situación estando los dos juntos. O si la reacción intuitiva de Eva hubiese sido llamar a su esposo para charlar del asunto antes de tomar la fruta prohibida. Siempre me pregunté qué hubiese sucedido si Eva le hubiera contestado a la serpiente: «Espera unos minutos, ahora llamo a Adán y conversamos los tres».

El diablo primero esperó que se alejaran el uno del otro, y luego atacó certeramente y destruyó.

El plan de Dios, desde el principio, es que estemos juntos, y el plan de satanás, desde el principio, es que no lo estemos porque juntos nos elevamos y separados nos hundimos.

**Juntos nos elevamos y separados nos hundimos.**

## FORTALECER MI CÍRCULO ÍNTIMO

Cuando fortalecemos nuestro primer círculo íntimo, podemos recién comenzar el proceso de fortalecer el segundo y tercer nivel de círculos. En orden, siempre encontraremos a los más cercanos, los que habitan bajo un mismo techo, luego a quienes nos atan lazos de sangre y están cerca físicamente, y en un tercer nivel encontraremos a los amigos y los compañeros de ministerio.

Las palabras del gran sabio, el Rey Salomón, deben estar grabadas en nuestro interior para comenzar a demoler el Muro que nos impide desarrollarnos.

> «*Es mejor ser dos que uno, porque ambos pueden ayudarse mutuamente a lograr el éxito. Si uno cae, el otro puede darle la mano y ayudarle; pero el que cae y está solo, ese sí que está en problemas. … Alguien que está solo, puede ser atacado y vencido, pero si son dos, se ponen de espalda con espalda y vencen; mejor todavía si son tres, porque una cuerda triple no se corta fácilmente*» (Eclesiastés 4:9-12).

El concepto de formar una sola carne con tu pareja tiene una profundidad muy difícil de entender. Cuando están juntos, por lo general, un hombre y una mujer no se dan cuenta que se están protegiendo mutuamente porque el león está oculto, y al no verlo, pareciera que no existe. Pero siempre está allí cerca, solo aguardando que se separen para atacar. Y cuando son atacados por haberse separado, muy pocas veces reconocen el error de haberse alejado uno del otro.

No reconocer el valor de cada uno en el equipo es el primer ladrillo del Muro que alguna vez plantamos en la base, y que luego sostuvo el resto de la pared que hoy nos separa y evita que podamos triunfar. Ese mismo ladrillo hay que golpearlo primero para demoler el Muro, y lo haremos. Luego daremos otros cuatro golpes certeros que definitivamente destruirán la muralla.

Vamos a prepararnos para destruir el Muro estudiando tres hábitos que debemos incorporar, tanto unos como otros, tanto tú como tu pareja, y hacerlos carne dentro de la relación.

Un gran escritor brasileño, llamado Paulo Coelho, con más de 140 millones de libros vendidos, escribió sobre las cualidades de un lápiz, y dijo, haciendo referencia a una de ellas:

> *«El lápiz siempre deja una marca. Todo lo que hagas en la vida dejará trazos, intenta ser consciente de cada acción»*[1].

Ya que todo influye en nuestro círculo íntimo, debemos añadir hábitos excelentes a la relación que, de incorporarlos, destruirán el Muro y nos permitirá elevarnos, automáticamente, al nivel en que nacimos para estar.

## LOS 3 HÁBITOS DE EXCELENCIA

Contaba un pastor en su prédica, que cierta vez debió viajar a Londres, y apenas llegó al aeropuerto le ofrecieron un automóvil para que se manejara por la ciudad. Era su primera vez allí, pero acostumbrado a viajar por el mundo y manejar en cualquier ciudad, incluso en las más complicadas de América Latina, no temió el desafío y aceptó las llaves de aquel automóvil.

«Me arrepentí apenas entré al automóvil», contaba el pastor. «Al ver el volante del lado derecho recordé que en Inglaterra manejan del otro lado de la calle. Pero ya estaba allí y debía manejar. Avancé casi sin problemas pensando a cada instante en mantenerme del lado izquierdo de la calle. Casi creí haber dominado aquel vehículo, hasta que de repente me vi girando en una plazoleta con decenas de autos viniendo de frente, recto hacia mí. Traté de frenar, no pude; al maniobrar, me equivoqué nuevamente de lado; traté de pasar a neutro y luego a retroceso, pero mi mano buscó la palanca de cambios en el lugar equivocado. En el momento de la tensión y la crisis, mis sentidos reaccionaron de acuerdo a lo que tenían grabado por el uso, y no a la situación actual».

Estimado amigo y amiga, los hábitos son aquellos comportamientos que por el hecho de repetirlos durante el transcurso de algún tiempo, llegan a formar parte de uno mismo, y para repetirlos, no necesitan ser pensados, surgen como reacción innata.

«En el momento de la tensión y la crisis, mis sentidos reaccionaron de acuerdo a lo que tenían grabado por el uso», decía el pastor en su conferencia.

Por eso veremos tres reacciones que deberás repetir conscientemente hasta que se transformen en hábitos para relacionarte, que luego surjan automáticamente cuando la situación lo requiera. Son tres golpes certeros que demolerán este Muro y evitarán que construyas otro.

## 1. El hábito de reconocer

Una relación de pareja se basa en la natural fusión de dos que engendran una tercera figura: «la pareja». Esas dos partes naturalmente están «desparejas» cuando están separadas, porque cada uno tiene algo y le falta algo también. Al unirse forman un ser diferente, único y completo. Por ello se denomina «pareja», simplemente porque al estar unidos se complementan, y ese tercer ente que se forma es una existencia pareja, balanceada y completa.

Dentro de la pareja, que es el primer círculo, el más íntimo, el más cerrado y pequeño, que a su vez tiene la mayor influencia sobre la persona individual, ya no se habla de él o ella. Esta fusión natural, en lo físico y en lo intelectual, está asentada sobre la inversión que cada parte sumó y suma cada día al «ellos», o al «nosotros».

**Una relación de pareja se basa en la natural fusión de dos que engendran una tercera figura: «la pareja».**

En el capítulo 2 hablábamos de la «actitud de agradecimiento», una forma de ser y actuar que nos coloca siempre en la posición correcta frente a Dios, porque el que agradece reconoce que debe. Cuando esta actitud de agradecimiento se traslada a nuestra pareja, provoca una reacción en cadena contraria a la indiferencia normal basada en intereses egoístas, que por lo general prima en las parejas que terminan separándose por «incompatibilidad».

Una pareja no solo debe mantenerse, debe sostenerse, y eso se proyecta mucho más allá de la sangre que debe fluir en el nuevo cuerpo. Esto tiene que ver con el corazón y con una actitud inteligente, en cada una de las partes, de no buscar el lugar de preeminencia.

El Señor Jesús nos dejó la más grande de las enseñanzas con respecto a ocupar el segundo lugar, de manera estratégica, para generar la reacción positiva en la otra parte, y siempre en actitud de agradecimiento constante.

Era el *sabatt*, el día de reposo ordenado por Dios. La mesa estaba preparada en la casa del líder religioso. Allí, en la cabecera, brillaba la copa de vino, servida y lista para recitar, con ella en mano, el *kidush*. Los panes estaban cubiertos, como era la costumbre, las velas encendidas porque desde el atardecer del viernes ya no se podía prender fuego ni hacer prácticamente nada.

La mesa era larga y los invitados muchos, entre ellos, Jesús. Todos querían conocer al joven nazareno que había revolucionado la vida de la ciudad, que sanaba en el nombre de Dios, que liberaba, que incluso se decía con potestad para perdonar pecados. Pero lo que a todos realmente inquietaba era esa autoridad que tenía para enseñar, para discutir y para dejar sin argumentos a los grandes sabios de la sinagoga, conocedores de cada palabra de la ley. Era tal su carisma, que la gente salía de sus casas solo para verlo pasar.

Jesús llega a la ostentosa casa del importante personaje que le había invitado, mira a su alrededor e inmediatamente descubre una situación ideal para dar una de sus acostumbradas enseñanzas.

Nos cuenta el doctor Lucas que cuando Jesús vio que todos los invitados a la cena trataban de sentarse en los lugares de honor, cerca de la cabecera de la mesa, les dio el siguiente consejo:

> *«Cuando te inviten a una fiesta de bodas, no te sientes en el lugar de honor. ¿Qué pasaría si invitaron a alguien más distinguido que tú? El anfitrión vendría y te diría: "Cédele tu asiento a esta persona". Te sentirías avergonzado, ¡y tendrías que sentarte en cualquier otro lugar que haya quedado libre al final de la mesa! Más bien, ocupa el lugar más humilde, al final de la mesa. Entonces, cuando el anfitrión te vea, vendrá y te dirá: "¡Amigo, tenemos un lugar mejor para ti!". Entonces serás honrado delante de todos los demás invitados. Pues aquellos que se exaltan a sí mismos serán humillados, y los que se humillan a sí mismos serán exaltados»* (Lucas 14:8-11).

Jesús habla de la actitud inteligente de uno que decide perdonar a sus semejantes, para que Dios lo perdone a él; amar a su prójimo, para ser amado por Dios; y humillarse para que Dios lo exalte.

Esta actitud, proyectada a tu pareja y sazonada con la adecuada actitud de agradecimiento, te dará siempre la bendición de Dios y el reconocimiento por la deuda adquirida de la otra parte. Logrará convertir una simple casa en un magnífico hogar. Sobre todo, te otorgará a ti ser el agua que eleve a tu pareja, y también permitirá que tú pareja sea el agua que te eleve a ti.

Convertir en hábito el reconocer frecuentemente la labor de la otra parte es un golpe certero al Muro que han fabricado juntos en el hogar. Además, es un antídoto de efecto permanente ante la construcción de nuevos muros.

**Reconocer frecuentemente la labor de la otra parte es un golpe certero al Muro que han fabricado juntos.**

«Reconocer» es sencillo cuando lo pensamos y planeamos como una estrategia de relacionarnos. Si tenemos algo malo para traer a la mesa, a la conversación, primero damos vueltas en nuestra mente buscando un aspecto positivo para comenzar la charla; algo simplemente destacable de la otra persona que nos permita encarar el problema desde un ángulo positivo.

Pero cuando la tensión de la situación provoca la reacción «sin filtro» (esa mirada o esa palabra que sale sin pasar por el filtro de la mente donde podemos limarla), si allí, en ese momento de nerviosismo, el «reconocer» no es un hábito impensado, jamás saldrá en primer lugar y habremos perdido la oportunidad.

Reconocer, sí, ¡debemos hacerlo! Pero esto va mas allá. La tarea es seguir reconociendo cada cosa buena y agradable en la otra persona, hasta que se convierta en un hábito.

## 2. El hábito de escuchar

Naturalmente, como seres humanos contamos con dos orejas, dos ojos y una sola boca, sin embargo, contradiciendo la sabiduría del creador, utilizamos muy poco los oídos, muy poco la vista y demasiado la lengua. Debemos trabajar muy conscientemente en la formación del hábito de escuchar en todo momento, aún en los momentos en que creemos que debemos hablar.

> *«Todo el que tenga oídos para oír debe escuchar...»* (Apocalipsis 2:7).

El oír es un acto involuntario, mientras que el escuchar es un acto intencionado. Por eso debemos convertirlo también en un hábito que nos ayude a destruir el Muro que nos separa dentro de nuestro propio hogar, de la gente que más queremos en la vida.

El gran poeta alemán Johann Goethe dijo: «Hablar es una necesidad, escuchar es un arte»[2]. Y tú debes convertirte en un especialista en escuchar, un verdadero artista del oír, pero entendiendo, para que tus mejores obras de arte no sean palabras, sino silencios activos.

**El oír es un acto involuntario, mientras que el escuchar es un acto intencionado.**

## EL BALIDO DE LA OVEJA EN PELIGRO

Una de las cosas que adquirimos cuando el arte de escuchar se encarna en nosotros, convirtiéndose en un hábito, es el hecho de escuchar más allá de las simples palabras.

Porque las palabras se oyen, pero las intenciones detrás de ellas solo se escuchan.

Primero, como quien aprende un nuevo idioma, oímos sonidos. Luego identificamos sonidos con acciones, con sujetos o con sentimientos. Ahora ya no solo oímos, sino también escuchamos.

Prestamos un poco más de atención y vemos que cada persona tiene su particular forma de comunicarse y comprendemos que esa forma puede o no ser igual a mi propia forma de comunicarme. Por lo tanto, deducimos que puede haber una diferencia entre lo que entiendo de una frase que oigo y escucho, y lo que la otra persona, el emisor de la frase, quiso realmente decir.

Luego, sumando en mi preparación como artista del escuchar, descubro que a ciertas palabras y frases se le pueden agregar tonos que la potencian, la debilitan o incluso la modifican sustancialmente. También descubro, asombrado, que existe dentro de una simple frase la doble intención: las palabras buenas que pueden ser «irónicamente» malas, y los insultos que pudieran ser «amigables».

Existe bajo nuestras narices todo un intrincado mundo relacionado con el escuchar.

Es un mundo que ahora debo comprender, asimilar, poner en práctica y convertir en «mi modo de vida», para poder derrumbar el Muro en mi hogar y comenzar a disfrutar de la relación y la comunicación en la pareja. Por supuesto, luego se extiende a los hijos, a los amigos, a los compañeros de trabajo o ministerio, y a toda persona con la cual uno se relaciona y comunica en el andar diario.

Pero lo esencial que debemos aprender en el arte de escuchar, es hacerlo profundamente, y luego de formarse en esta disciplina, hay que ponerlo en práctica cientos de veces si fuera necesario, de forma consciente y programada, hasta que se convierta en un hábito que nos ayude a escuchar profundamente, sin pensar en que debemos hacerlo.

Escuchar profundamente, es poder oír el grito de auxilio de una persona en medio de sus palabras; poder oír el balido de la oveja perdida en medio de otros ruidos.

Descubrimos que en la pareja es necesario escuchar profundamente porque hay un verdadero mundo de expresiones que no saldrán jamás a la luz, salvo por pequeños gritos de auxilio en medio de frases cotidianas.

Escuchar profundamente es discernir el dolor en un comentario, en un simple gesto, en un silencio, y actuar -en consecuencia- respondiendo, no a la frase, sino a la intención detrás de la palabra.

Dejar de pensar en mí es la clave de escuchar profundamente. Dejar de pensar que soy una víctima, y defenderme, será el «golpe de gracia» que le daremos al Muro. Recuerda: a partir de hoy debes escuchar profundamente a la gente que te rodea, hasta que se convierta en un hábito.

## 3. El hábito de hablar

El profeta Daniel, aquel hombre que luego de ser secuestrado por Nabucodonosor llega a ser, de la mano de Dios, uno de los hombres más poderosos en la misma tierra que lo tenía prisionero, tuvo un encuentro con un ángel. Este encuentro tan particular se detalla en el capítulo 10 de su libro. Allí, Daniel, reconoce que estaba terminándose su ánimo, que el tanque de su gasolina había llegado a límites peligrosos, y dice: «*Estoy muy angustiado… y me siento muy débil*» (Daniel 10:16).

> «*Entonces el que se parecía a un hombre volvió a tocarme y sentí que recuperaba mis fuerzas. —No tengas miedo —dijo—, porque eres muy precioso para Dios. ¡Que tengas paz, ánimo y fuerza!*
>
> *Mientras me decía estas palabras, de pronto me sentí más fuerte y le dije: —Por favor, háblame, señor mío, porque me has fortalecido*» (Daniel 10:18-19).

El estrés de la vida diaria, el tener que luchar muchas veces en terrenos extraños y difíciles para lograr los objetivos, exige de cada uno de nosotros un esfuerzo extra, a veces más allá de lo común, y ese esfuerzo nos desgasta, nos consume.

La mejor definición que puedo ofrecer acerca del estrés se puede graficar con la idea de que la persona que tiene un problema recibe una piedra que debe sostener hasta tanto la deje en algún lado.

Mientras todavía está luchando con ese peso y buscando un lugar para descargar esa pesada roca, llega una segunda piedra, de otro problema que se suma, arriba del que sigue aún allí, en sus manos, sin poder resolverse. Entonces, el peso se hace insoportable, dobla la espalda y las fuerzas flaquean. Muchas veces el miedo a caer, al no poder soportar semejante peso, se transforma en la tercera piedra, y finalmente, todas juntas actuando sobre la persona, la doblegan.

El apóstol Pedro les escribe una carta a algunos líderes más jóvenes de la iglesia, y lo hace como anciano que ha pasado por muchas experiencias. No todas han sido gratificantes al momento de atravesarlas. Les habla con palabras cargadas de sabiduría y les dice, pienso yo: «Tengo un mensaje de ánimo y consejo para ustedes, jóvenes, que sienten la presión del mundo sobre sus hombros: *"Dios cuida de ustedes"*». *Sí, «Dios cuida de ustedes».*

> *«Pongan todas sus preocupaciones y ansiedades en las manos de Dios, porque él cuida de ustedes»* (1 Pedro 5:7).

Deja las «piedras» de los problemas en sus manos y libérate de ese peso. Dios cuida de ti hoy, de la misma manera que cuidaba a aquellos jóvenes a los que Pedro se refería en su carta, y de la misma manera que cuidó del Profeta Daniel enviándole un ángel para que hablara con él, en su día malo.

**Deja las «piedras» de los problemas en sus manos y libérate de ese peso.**

El ángel del Señor se acerca a Daniel con la palabra de ánimo que tanta falta le hacía en un momento difícil de su vida. Se acerca para fortalecerlo con palabras de reconocimiento, de valoración y de aliento.

En ese momento, cuando Daniel sentía el peso de la muerte de un ser querido y llevaba casi tres semanas de luto y ayuno, sumado al peso de la responsabilidad de estar recibiendo las visiones de Dios que debía compartir, sintió que el peso era demasiado, que sus rodillas se doblaban y tuvo miedo de caer ante el estrés, llegó el ángel que le dijo: *«...eres muy precioso para Dios. ¡Que tengas paz, ánimo y fuerza!»*(Daniel 10:19).

Tú eres el ángel que Dios envía a tu pareja para darle las palabras adecuadas en el momento justo. Eres el ángel que envía a tus hijos, a tus amigos, a tus familiares y a tus compañeros de trabajo y ministerio.

Callar para escuchar es una virtud, es un arte que necesitamos desarrollar a fondo, pero callar también puede ser un arma de destrucción masiva. Enmudecer cuando debes dar una palabra de ánimo, cuando debes dar una palabra de esperanza o de vida eterna, es un pecado.

El hábito que debemos incorporar en nuestro hogar para destruir el Muro que nos separa y evita que flotemos libremente hasta alcanzar el potencial que Dios mismo nos entregó, no es simplemente hablar: es hablar lo correcto en el momento adecuado.

> *«A todo el mundo le gusta una respuesta apropiada; ¡es hermoso decir lo correcto en el momento oportuno!»* (Proverbios 15:23).

Hablar lo correcto en el momento oportuno es la consecuencia directa de escuchar profundamente, pensando en el bienestar de la otra persona, sabiendo que todo lo que le beneficie a la otra parte, me beneficia directamente a mí. Por el contrario, todo lo que me beneficia primero a mí, en forma egoísta, altera la relación y perjudica la pareja de la cual soy parte. Por lo tanto, simplemente estoy escupiendo hacia arriba.

No se trata de simplemente hablar. Se trata de edificar, nunca de destruir; se trata de animar, nunca de hundir; se trata de bendecir, jamás de maldecir. Y solo se logra escuchando profundamente y pensando en los demás. Incorpora este hábito a tu vida y todo será distinto.

Como cayó aquel muro de Jericó, así está cayendo en este momento tu Muro.

Si descubriste y comenzaste a aplicar los tres golpes que hemos visto en este capítulo, el Muro que existía en tu hogar, entre tu pareja y tú, ya no existe y se ha convertido en un montón de piedras. Ahora tu círculo íntimo está parejo, unificado, como siempre debió estar. Ahora podrás recibir el agua que te permite flotar y alcanzar el nivel para el cual fuiste creado. No permitas jamás que otro Muro te limite y condicione, aplicando los tres hábitos constantemente.

# CAPÍTULO 4

# Derribo los Muros alrededor de mis deseos El darse cuenta

Darse cuenta de lo que uno tiene recién al momento de perderlo es la historia repetida de millones de personas. Y tal vez la tuya. Es una tragedia sin vuelta atrás, un tango triste cantado por jóvenes y ancianos cuando la tarde está muriendo y se han perdido para siempre los rayos del sol de la mañana.

El tango es uno de los géneros musicales más antiguos de nuestro continente, y a decir de Enrique Santos Discépolo[1], un alto exponente de dicha música, «el tango es un pensamiento triste que se baila"». Sus letras, de contenido arrabalero, de expresiones vulgares de barrios bajos de Buenos Aires y Montevideo, exponen de distintas formas el dolor de la pérdida y la vergüenza de haber desperdiciado algo que se tenía, y que ya no se tiene más. Expresan en estrofas la desazón de verse desnudo ante la vida.

El tango es la triste expresión del alma, cuando anochece y el hombre siente que ha perdido la luz del día. Es toda una cultura que descubre lo que se tenía, cuando ya no lo tiene más.

Un nuevo tango se escribe cada día cuando un hijo descubre la magnitud del amor que sentía por su madre, al perderla para siempre, y se lamenta el no haberla abrazado cuando estaba en vida.

Un nuevo tango se escribe cuando un padre se despierta una mañana cualquiera y descubre que su hijo tiene dieciocho años, y jamás podrá disfrutar con él sus diecisiete porque se le pasó, sin darse cuenta.

El gran Moisés oraba: «*Enséñanos de tal modo a contar nuestros días, que traigamos al corazón sabiduría*» (Salmos 90:12).

La clave es encontrar la sabiduría para aprender a disfrutar cada cosa que Dios nos regala, en su tiempo, sin convertir la vida en una alocada carrera por llegar a ninguna parte,.

Descubrir el momento en que el deseo de tener lo que no se tiene se convierte en una obsesión que nos nubla la vista, será nuestra arma de destrucción con la cual demoleremos el Muro.

Sí, ese Muro que hemos construido con paciencia durante la mayor parte de la vida adulta, esa pared increíblemente alta que solo deja un pequeño lugar para ver lo que no tengo, e impide la visión abierta y clara a lo que sí tengo, debe ser destruido para ver la tierra prometida.

La particularidad de este Muro que demoleremos es que parece no existir. Recién cuando una persona pierde algo muy importante, descubre con dolor que «algo» le tapaba la visión de las cosas importantes que tenía. Y en ese momento, ya es tarde.

Ese «algo» es el Muro de mis deseos.

Descubrir a tiempo el balance entre lo que tengo y lo que deseo, aprendiendo a valorar las cosas adquiridas, y a la vez medir con sabiduría el esfuerzo aplicado a alcanzar aquellas cosas que no se tienen, pero se quieren, será la estrategia que utilizaremos para demoler este tan particular y complicado Muro.

## Pelar una banana

Los plátanos y las bananas tienen un par de características muy particulares que nos ayudarán a situarnos en otro lugar, ofreciéndonos una gran lección.

La primera de esas características es que tanto a los plátanos como a las bananas (que no son la misma fruta), debemos pelarlas antes de comerlas, a diferencia de otras que podemos decidir comerlas con la cáscara, como la manzana o las ciruelas. Siempre tendrás que pelar una banana antes de comerla.

La segunda de las características es que tienen dos opciones para comenzar la tarea de quitarle la gruesa capa que las recubre y protege: por el extremo que la une al racimo, o por el otro. Extrañamente, la mayoría de nosotros elegimos abrirlas comenzando por el tallo que las une al racimo, a pesar de que es el extremo más duro. Hacemos fuerza hasta que algunos terminan por aplastar la fruta sin poder pelarla, otros utilizan un cuchillo y algunos los dientes, reaccionando en forma caprichosa y empecinándonos en empezar por ese extremo, como si no existiera el otro.

Los monos, expertos comedores de bananas y plátanos, toman la fruta con singular habilidad y la voltean, aprietan suavemente el extremo opuesto al tallo, el cual al instante de la presión se abre en dos con suma facilidad. Toman los extremos abiertos, halan, y la fruta queda descubierta y lista para comer.

Así como el plátano y la banana, muchas cosas en la vida tienen que ser peladas, y también, igual que esas frutas, tienen dos lados para hacerlo.

Nos hemos encaprichado en tratar de manejar lo que «tengo» y lo que «deseo» pelándolo siempre del lado más difícil, e ignorando que todo es más sencillo si descubro que el otro lado también existe.

## LA FELICIDAD DESDE LO QUE «TENGO» VS. LA FELICIDAD DESDE LO QUE «DESEO»

**El Muro de los deseos nos impide disfrutar de lo que ya tenemos.**

Cuando mis momentos de felicidad dependen de situaciones externas, estoy tratando de pelar la banana comenzando por el lado incorrecto. Estoy mirando la vida a través de un agujerito en el Muro, en lugar de observar el horizonte con una visión amplia. El Muro de los deseos nos impide disfrutar de lo que ya tenemos.

Cuando finalmente alcanzas el soñado objetivo de recibirte y obtener un título por el cual has estudiado durante años es, sin lugar a dudas, un motivo muy válido para estar feliz. Pero si esperas a tener el diploma para ser feliz, estás pelando la banana por el lado equivocado.

Comprarte un automóvil nuevo es un proceso donde a veces debes esperar algún tiempo para juntar el dinero, y el momento de lograr tu objetivo es también un tiempo de alegría. Pero si esperas tener la llave del arranque en tu mano para ser feliz, estás pelando la banana, comenzando por el lado incorrecto.

El rey Salomón, hijo de David, quien se considera entre propios y extraños como un verdadero sabio, escribió inspirado por Dios el libro del Eclesiastés y allí expresa lo siguiente:

> «*...Disfrutar del trabajo y aceptar lo que depara la vida son verdaderos regalos de Dios. A esas personas Dios las mantiene tan ocupadas en disfrutar de la vida que no pasan tiempo rumiando el pasado*» (Eclesiastés 5:19-20).

En esta frase, el Rey Salomón nos indica varias cosas que vamos a analizar para descubrir esas herramientas adecuadas que nos ayudarán a demoler totalmente el Muro que nos impide ver lo que tenemos, y solo deja lugar para que veamos confusamente lo que deseamos.

## El don del disfrute

Salomón hace hincapié en algo que debemos analizar a fondo: disfrutar lo que se hace y aceptar lo que se recibe, es un don de Dios.

**Disfrutar lo que se hace y aceptar lo que se recibe, es un don de Dios.**

Disfrutar la vida es un regalo de Dios, un don, un obsequio

que está a disposición de todos los hombres y mujeres del mundo. No es algo que debe buscarse externamente basado en objetivos que se alcancen o no, o en situaciones que puedan darse a tu favor o en tu contra, las cuales en realidad no dominas, como la de un hermoso día de sol, o una semana de lluvia y frío.

El don de disfrutar se lleva dentro de uno mismo y solo hay que activarlo para destruir gran parte del Muro, evitar las frustraciones y comenzar a pelar la banana desde el lado correcto.

Este perfecto regalo (el don del disfrute) que el creador nos entregó solo se activa cuando recuperamos la relación con Él. Un «religioso», en el sentido de alguien que basa su vida en obras y esfuerzos que le acerquen a Dios, jamás logrará activar el don del disfrute, y vivirá simplemente amargado.

El don del disfrute está ligado de manera permanente a la relación que mantengamos con Dios. Y la relación es enemiga de la religión porque religión es lo que el hombre y la mujer hacen para llegar a Dios; obras y esfuerzos para alcanzar lo inalcanzable. La religión siempre mira desde abajo, desde lejos, a lo inaccesible. Pero Dios inició la relación mirando desde arriba hacia nosotros, y enviando por amor a un mediador que se llama Cristo Jesús, que llegó para perdonarnos y regresarnos a la relación.

El don del disfrute se activa en la relación con el creador y dador de ese don, y tiene dos grandes postulados: 1. alegrarse con lo que se hace, y 2. aceptar lo que se recibe. Ambos son imposibles de alcanzar sin vivir en relación directa y fluida con Dios.

El gran Muro que rodea nuestras posesiones nos impide activar este «don del disfrute». Y sin él activo, jamás lograremos ser felices más allá de instantes contados con los dedos de una mano, cuando logremos alcanzar algún que otro objetivo.

Y, si logramos vivir una pizca de felicidad, pronto veremos desaparecer ese momento feliz opacado por la misma condición enfermiza de no disfrutar lo que se tiene.

## El don del disfrute: el trabajo

«¿Cómo puedo disfrutar de mi trabajo si es una maldición por causa del pecado?», me dijo alguien un día. Y tal vez tú pudieras pensar lo mismo. ¿Cómo poder disfrutar de algo que hago por obligación? ¿Cómo disfrutar de algo que esté tan cerca de ser un «sacrificio diario y constante»?

Según algunos estudiosos de la evolución del concepto del trabajo como un esfuerzo físico y/o mental para obtener ganancias que cubran las necesidades de la persona y su grupo familiar, el trabajo comenzó a llamarse así como una derivación de la palabra latina *tripalium.* Eso era básicamente un cepo para sujetar caballos o bueyes, y así poder herrarlos. También se usaba como instrumento de tortura para castigar esclavos.

De allí también surge la palabra tripalliare que significaría tortura, y de la cual deriva la palabra moderna: trabajar.

Por ello no es extraño pensar que el trabajo es una maldición por el pecado, pero tenemos que remontarnos al tiempo en que la relación entre la creatura y su Creador no había sido todavía rota por la mala decisión nuestra de seguir otro camino.

En primer lugar, debemos observar desde el primer verso del Génesis a un Dios trabajador que declara que está feliz de la tarea y de la obra realizada durante los seis primeros días de la creación, y luego utiliza el séptimo día para descansar de su trabajo. No parece tener mucha correlación este concepto de hacer algo, disfrutar mientras se está haciendo y luego también disfrutar del trabajo realizado, con el concepto moderno de tortura. Pero además vemos que la Biblia nos indica que Dios tomó al hombre y a la mujer y les dio trabajo. Trabajó él y le dio trabajo a su creatura, todo como parte de un proyecto completo, donde no existía la tortura de tener que hacer algo que no se disfrutaba.

> *«Tomó, pues, Jehová Dios al hombre, y lo puso en el huerto de Edén, para que lo labrara y lo guardase»* (Génesis 2:15 RVR 1960).

El trabajo es un esfuerzo para lograr un objetivo. Lo era antes del pecado y lo es aun hoy. El trabajo produce cansancio, y es justo y sumamente necesario descansar luego del trabajo para recuperar fuerzas. Lo era en el principio y lo es aun hoy.

El trabajo producía felicidad antes de la caída, y es precisamente eso lo que sí se rompió al perder la relación. Hoy el trabajo no produce alegría, y la felicidad solo está condicionada a los resultados del trabajo y excluida del trabajo en sí.

No podremos disfrutar del trabajo si no recuperamos la relación con Dios.

**No podremos disfrutar del trabajo si no recuperamos la relación con Dios.**

No podremos destruir el Muro que nos impide ver y disfrutar lo que hacemos y logramos, si no volvemos a las bases.

> *«Entonces llegué a la conclusión de que no hay nada mejor que... encontrar satisfacción en el trabajo. Luego me di cuenta de que esos placeres provienen de la mano de Dios»* (Eclesiastés 2:24).

Todos de una manera u otra trabajamos; eso es lo que tenemos. Y solo pueden disfrutar del trabajo (y luego de los resultados) aquellos que han activado el don del disfrute, recuperando la relación con Dios a través de aceptar el sacrificio de Cristo en la cruz como propio.

Empezar a destruir el Muro de mis deseos significa comenzar a disfrutar lo que realizo por el simple hecho de hacerlo, sin contar con los resultados.

Activa en este momento el «don del disfrute» para comenzar a ver la vida de otra manera. Toma unos minutos y dile sinceramente a Dios que estás atrapado por los deseos, y que no disfrutas lo que tienes. Dile que deseas recuperar la relación con Él, que te dará la posibilidad de disfrutar la vida. Toma unos minutos; Dios te está oyendo atentamente.

Dile que aceptas a Cristo en tu vida y lo recibes en tu corazón. Dile que reconoces que con tu esfuerzo jamás llegarás a recuperar la relación perdida, y que entiendes que solo a través de Cristo, eso puede ser una realidad.

Decía Salomón en el pasaje que estamos analizando:

> «*...Disfrutar del trabajo y aceptar lo que depara la vida son verdaderos regalos de Dios. A esas personas Dios las mantiene tan ocupadas en disfrutar de la vida que no pasan tiempo rumiando el pasado*» (Eclesiastés 5:19-20).

Nos toca ahora, en el camino a la demolición del Muro que te tiene atrapado, ver el segundo de los grandes postulados: aceptar lo que se recibe.

## El don del disfrute: aceptar lo que recibo

Disfrutar el esfuerzo del trabajo comienza en Dios porque recuperando la relación con él, recuperamos también la opción de vivir un constante disfrute de lo que realizamos, ya que es Dios mismo el que nos reintegra esa opción.

Se completa la activación total del «don del disfrute», cuando desato la parte que comienza en mí, o sea, el aceptar los resultados de cualquier trabajo, sean los esperados o no. Junto con aceptar lo que depara la vida, aceptemos las cosas que buscadas o no por nosotros, igual nos llegan y afectan de manera directa.

Aceptar no es disfrutar. Hay muchas cosas que nos suceden que si las disfrutáramos, estaríamos totalmente locos.

La enfermedad, el dolor y la muerte no pueden ser disfrutados. Deben ser aceptados en la certeza de que Dios está en control de lo que sucede y sus planes van mucho más allá de lo que podemos ver o sentir.

> *«Y sabemos que Dios hace que todas las cosas cooperen para el bien de los que lo aman y son llamados según el propósito que él tiene para ellos»* (Romanos 8:28).

Disfrutar lo disfrutable y aceptar situaciones incontrolables es un regalo de Dios que debemos utilizar.

Alguien una vez me dijo: «Si tú fueras viajando en un avión y de pronto, por una falla mecánica, la nave comienza a caer sin control, ¿crees que Dios pondría su mano para detenerla a apoyarla suavemente sobre la tierra, sin daño para ti ni para ninguno de los otros pasajeros?».

Al responder, recordé una antigua enseñanza que decía *«no sé si Dios lo hará. Pero sí sé que puede, y también sé que Él sabe que yo voy en esa nave»*.

Aceptar tampoco es entregarse a una situación sin oponer resistencia. Aceptar es reconocer aquellas cosas que no puedo cambiar, y dejarlas en manos de Dios sabiendo que Él sí podría, pero que si no lo hace, «él sabe que yo voy en esa nave».

**Aceptar es reconocer aquellas cosas que no puedo cambiar, y dejarlas en manos de Dios.**

La felicidad desde lo que tengo se basa en disfrutar lo que hago y lo que recibo a cambio de lo que hago; y aceptar lo que no puedo cambiar, en la confianza ciega de que Dios está en control y me ama al punto de que esas situaciones que debo aceptar sin cambios, finalmente serán para mi bien, aunque sufro y muchas veces no las entiendo.

La felicidad desde lo que tengo es la gran estrategia para destruir el Muro. No es algo que puedas conseguir externamente a tu vida, no lo puedes comprar, ni rentar, ni es heredable. No se estudia en la universidad ni se halla a través de la meditación o el claustro. Es algo que llevas dentro porque Dios lo puso allí para ti. Solo debes activarlo y el Muro caerá.

No te quedes para escribir un tango y recuerda esta frase: «La única diferencia entre una vida extraordinaria y una vida corriente reside en encontrar un placer extraordinario en las cosas corrientes (Veronique Vierne)»[4].

# CAPÍTULO 5

# Derribo los Muros alrededor de mis relaciones cercanas El egoísmo salvaje vs. el egoísmo sano

«*El viejo Hucha*», una obra de teatro latinoamericana de principios del Siglo XX, llevada luego a la pantalla grande y convertida en una exitosa película, relata la historia del típico inmigrante europeo que arriba a las nuevas tierras de prosperidad en América, escapando de la guerra y el hambre en el viejo continente. La palabra «hucha» hace referencia a la avaricia, al egoísmo salvaje y mal entendido del personaje central.

Este hombre, con mucho esfuerzo, logra establecerse en las nuevas tierras. Forma una familia y accede a su propia casa, humilde, pero finalmente, su propia casa. Trabaja incansablemente y logra, además, lo que jamás había siquiera imaginado. Tiene lo suficiente para vivir y aún le quedan algunas monedas para ahorrar.

Entra en una vorágine de avaricia, en una obsesión ahorrativa, arrastrando a su familia a vivir en una profunda escasez. Se gana el desprecio de sus hijos y queda solo, al límite de la locura, sin amigos. Al morir, sus hijos dilapidan su fortuna sin control, actuando de manera exageradamente opuesta a los deseos avaros del padre.

Recuerdo haber visto aquella vieja película en mi infancia, y aún tengo grabada en mis pupilas la imagen de ese pobre hombre doblado por los años y el trabajo duro, en una habitación deprimente, oscura, alumbrada por un bombillo pequeño que colgaba solo de un alambre en medio del cuatro. Allí, debajo de la tenue luz, el hombre planchaba un viejo billete para luego guardarlo en una cajita de madera. Uno a uno tomaba los billetes y con una suavidad que no le era característica, asentaba, con aquella vieja plancha de ropa, el dinero que nunca usaría y que pensaba sería la salvación de toda su familia.

*El viejo hucha* era un hombre bueno y tal vez, luego de su muerte, y en las últimas imágenes de la obra, algunas reflexiones de su viuda lo dejan entrever, para darle algo de luz al espectador ingenuo que se dejó llevar por las actitudes del protagonista, sin tomarse el tiempo necesario para evaluar sus motivaciones.

*El viejo hucha* es, a lo largo del desarrollo de todo su personaje, un hombre con buenos sentimientos hacia su familia, amigos y compañeros, pero que utiliza, quizás por desconocimiento de otros, un camino equivocado. Elige el del avaro egoísmo, y ese camino lo lleva a un destino opuesto al de su aspiración.

El egoísmo tiene muchas caras, demasiadas formas que se van

combinando para lograr un mundo de posibilidades, cada una adaptada a quien la absorbe.

Hay veces que tenemos un deseo y un objetivo correcto en relación a la gente que nos rodea, pero cuando tomamos el camino incorrecto llegamos a un lugar distinto y todo se malogra. Aquellas buenas intenciones desaparecen enfrentadas a la realidad, y lo que podía ser de una forma, termina en el lado opuesto de la calle.

**El Muro que nos impide relacionarnos no es el egoísmo; es el egoísmo mal entendido.**

El egoísmo es un instinto de supervivencia y de autoprotección innato en cada ser humano. Manejarlo mal es el problema. El Muro que nos impide relacionarnos no es el egoísmo; es el egoísmo mal entendido.

Destruiremos el Muro que nos impide relacionarnos efectivamente con familiares y amigos. Pero en este caso particular, no golpearemos las altas paredes que nos están aislando y dejándonos sin amigos. Sacudiremos las bases del Muro y encontraremos al «egoísmo sano» que nos permita alinearnos con una forma muy humana de ser que, automáticamente, nos llevará a relacionarnos bien: a ser y tener buenos amigos.

Uno de los grandes errores, al momento de descubrir este Muro, es tratar de destruirlo pensando que el egoísmo es siempre un pecado que nos trae desgracias. Y no es así. Luchar contra el egoísmo absoluto, pensando que siempre está mal en todas y en cada una de sus formas, es luchar contra el egoísmo como manera innata de ser. Es luchar contra el instinto de conservación, contra nosotros mismos como seres humanos, y ya tenemos la batalla perdida porque moriremos siendo egoístas en alguna de sus muchas y variadas maneras. Ese no es el camino.

El gran Muro que nos encierra lo hemos construido paso a paso con ladrillos fabricados con el molde de que «todo egoísmo» es malo. Por ello tenemos que trabajar en las bases, en los conceptos que le dan forma a nuestro particular Muro: el del egoísmo salvaje y mal entendido.

**El egoísmo es innato al ser humano, pero el egoísta perfecto no existe; murió intentándolo.**

El egoísmo es innato al ser humano, pero el egoísta perfecto no existe; murió intentándolo. Porque egoísta es aquel que se ama excesivamente y todo lo que hace es por puro interés propio y absoluta conveniencia personal. El concepto proviene del término en latín «ego», o sea «yo», con un simple sufijo: «ismo», que significa, en este caso, una actitud. Es un «yo acaparador». Es el «todo para mí». El egoísmo es una forma esencial de ser, que si se expresara en su máximo potencial llevaría a la propia extinción. Por lo tanto, no puede existir porque de hacerlo, solo lograría su final.

Lo que sucede, y eso vamos a trabajar en este capítulo, es que cuando alguien no maneja el «sano egoísmo» y equivoca el camino, con buenas o con malas intenciones, consciente o no, pero errado al fin, se queda solo y sufre.

Hay problemas de familia que nadie sabe explicar con exactitud, pero que terminaron separando a quienes deberían estar unidos, ya que comparten lazos de sangre. Hay amigos que van quedando en el camino y jamás se vuelven a ver. Hay compañeros de trabajo y ministerio que desaparecen de nuestro lado al dejar de compartir la misma congregación o el mismo lugar de trabajo...gente que alguna vez fue allegada y ahora no está; gente que compartió nuestros momentos íntimos y ahora se fue.

Es una suma de nombres sobre nombres, rostros sobre rostros, solo evocados en algún fin de año, cuando la obligada evaluación nos halla solos en medio del camino, y pensamos: ¿Es que tal vez seré yo la causa de que tantos pasaron a mi lado y nadie permaneció?

Sí, mi estimado amigo, amiga: tú eres la causa. El Muro que construiste te separó. ¡Y hoy lo destruiremos!

El Muro que trabajaremos en destruir, es un Muro asentado sobre premisas falsas; y destruyéndolas, la gran pared caerá ante tus ojos como cayó el pesado muro de Jericó ante los ojos de los israelitas.

## Yo a través de Él, un egoísmo sano

Jacinto Benavente, dramaturgo español y ganador del premio Nobel de Literatura en el año 1922, escribió:

> *«El único egoísmo aceptable es el de procurar que todos estén bien para estar uno mejor»*[1].

Hay un «egoísmo sano», el que te alegra cuando haces el bien, el que te reconforta cuando eres generoso, el que te alienta al ver la sonrisa en un niño. Es egoísmo porque busca la satisfacción personal, pero es «egoísmo sano» porque lo buscas a través del altruismo.

¿Quieres, con un «egoísmo sano», estar alegre? Haz el bien.

¿Quieres, con un «egoísmo sano», sentirte reconfortado? Sé generoso.

¿Quieres, con un «egoísmo sano», sentirte alentado? Logra que tu prójimo sonría.

**Es el «egoísmo sano» el que marca la medida del amor al prójimo.**

Es el «egoísmo sano» el que marca la medida del amor al prójimo. Observa lo que dice la Biblia en uno de los pasajes más conocidos por cristianos y no cristianos:

> «*Amarás al Señor tu Dios con todo tu corazón, con toda tu alma y con toda tu mente". Este es el primer mandamiento y el más importante. Hay un segundo mandamiento que es igualmente importante: "Amarás a tu prójimo como a ti mismo"*» (Mateo 22:37-39).

Dice el Señor: «*Amarás a tu prójimo como a ti mismo*». Dios no está pensando al dar esta orden que ames a tus semejantes a medias, o que los ames condicionalmente, esperando a ver sus reacciones para entonces tú actuar. Es decir, lo amo si me ama, lo respeto si me respeta.

No, definitivamente la orden es: ámalo como te amas. Y tú te amas sin reproches, tú te amas sin merecerlo, tú te amas aunque a veces descubres que no lo mereces. Pero igual te amas. Así debes amar: como a ti mismo.

¿Cómo podrías amar a tus semejantes si no te amaras a ti mismo? ¿Cuál sería la medida de ese amor si no hubiera una balanza en donde pesarlo? ¿Cómo podrías tener una buena opinión de otros si no la tienes de ti mismo? ¿Cómo podrías tener amigos si tú no lo eres primero?

Amarse a sí mismo es reconocerse como una creación esmerada de Dios, única y destinada a la eternidad. Es respetarse y vivir en el deseo de superarse constantemente.

Amarse a uno mismo es ser comprensivo con las propias debilidades y entender que la vida es un camino hacia la eternidad en constante desarrollo. Amarte con un «egoísmo sano» te dará las herramientas para amar.

El «egoísmo sano» canaliza ese innato sentido de supervivencia y autodefensa llamado simplemente egoísmo, en una estrategia para alcanzar el amor, la paz y la sana relación con la gente que nos rodea.

A través del profeta Jeremías, Dios nos acerca un profundo mensaje:

> *«Y trabajen por la paz y prosperidad de la ciudad donde los envié al destierro. Pidan al Señor por la ciudad, porque del bienestar de la ciudad dependerá el bienestar de ustedes»* (Jeremías 29:7).

No trabajes por tu propia paz y prosperidad como si vivieras aislado del mundo. No te manejes a puertas cerradas, pensando que podrás resistir solo y convertirte en una especie de oasis personal de autoabastecimiento en medio del desierto. Eso es egoísmo puro, salvaje, y te lleva a un destino amargo, como el del viejo hucha.

Si deseas la paz y la prosperidad en el lugar donde Dios te indicó que vivieras, búscalas a través de un «egoísmo sano» y di: «Quiero vivir en paz y ser próspero, por lo tanto los amaré en la medida en que me amo a mí mismo, y trabajaré por la paz de mi familia, por la paz de mis amigos, y por la paz de mi ciudad. Y lucharé encarecidamente por la prosperidad de los que me rodean. Los haré felices para ser feliz porque los amo como me amo».

**Los haré felices para ser feliz porque los amo como me amo.**

## Como un tanque de agua

Quizás tengas en la azotea de tu casa un tanque, un depósito para juntar agua durante las horas de mayor presión y luego abastecer a toda la vivienda durante el día.

Recuerdo que en mi casa teníamos uno de esos depósitos gigantes de mil litros, y cuando salíamos de vacaciones y la casa quedaba sola durante algunos días, al regresar debíamos abrir los grifos para vaciar el depósito, y así dejar lugar para que, durante la noche, el agua fresca subiera nuevamente y completara el depósito. De no hacerlo, estaríamos tomando el agua estancada, y tal vez ya en mal estado.

Para que el agua nueva entre a tu depósito por arriba, primero debes abrir los grifos por abajo, y vaciar lo que haya. Jamás entrará agua nueva si no sale primero la vieja. Si por miedo a quedarte sin agua escatimas la del depósito, pronto estará podrida y no habrá ni para ti ni para nadie.

Debes dar para recibir. Debes ser «sanamente egoísta», ofreciendo lo que tienes para tener más. Esta es la ley de la vida y la forma de canalizar el egoísmo, convertirlo en sano, antes de que se convierta solo en egoísmo salvaje y te lleve a un destino no deseado.

**Debes ser «sanamente egoísta», ofreciendo lo que tienes para tener más.**

## Morir para vivir

Estaba en una conferencia misionera. Aquella mañana, el orador relató un diálogo muy particular, entre un agricultor y un grano de trigo. Jamás pude olvidar aquella enseñanza:

> «El sol apenas comenzaba a verse en el horizonte, dijo modulando su voz y anticipando una ilustración. El agricultor tomó un grano de trigo y salió animado a caminar por la tierra arada, entre los surcos abiertos, listos para recibir la semilla. Mientras marchaba, surgió un diálogo con el grano que llevaba en su mano:
>
> "Mi sueño -le dijo el trabajador- es ver este campo lleno de espigas doradas que se mecen con el aire fresco de la tarde,

listo para ser cosechado, y convertirse en pan para alimentar a cientos de personas".

"Comparto tu sueño", respondió el grano de trigo, y agregó: "Casi puedo ver las espigas y oler el aroma del pan recién orneado con el trigo molido de la cosecha. Juntos le daremos de comer a esos niños hambrientos que necesitan de nosotros para pasar el invierno".

"Sí", dice el hombre mientras detiene su marcha, se agacha y comienza a enterrar el grano en la tierra. "¿Qué haces?", grita desesperado el grano. "¡No me entierres, por favor!"

"Pero necesito enterrarte y que mueras para que de ti salga una planta. Si no mueres, nuestro sueño jamás se hará realidad".

"Es que no quiero morir", responde el grano. "Nunca imaginé que para que nuestros sueñan sean realidad deba yo morir"».

Sí, así es, mi estimado amigo y amiga. A veces si deseas vivir y que muchos vivan por tu vida, debes morir primero: morir a tener amigos, y ser primero tú un buen amigo de alguien, aunque no te correspondan...morir a tener la última palabra, y callar por amor... morir a ser el primero aunque hayas llegado antes. Es simplemente morir en «sano egoísmo», para que de tu actitud «egoísta», nazca la planta que te beneficie e incluso, favorezca a muchos.

En este mismo sentido, el evangelista Marcos relata una enseñanza de Jesús, donde el sumo Maestro deja en claro las reglas del nuevo orden o el funcionamiento de las cosas, según la perspectiva divina:

*«Entonces llamó a la multitud para que se uniera a los discípulos, y dijo... Si tratas de aferrarte a la vida, la perderás; pero si entregas tu vida por mi causa y por causa de la Buena Noticia, la salvarás»* (Marcos 8:35).

Las cosas en la vida no son tan sencillas como humanamente a veces las razonamos.

El que quiera estar sujeto, que se suelte. El que quiera ganar, que pierda. El que quiera llegar primero, que deje pasar a todos.

**El que quiera estar sujeto, que se suelte. El que quiera ganar, que pierda. El que quiera llegar primero, que deje pasar a todos.**

Una de las actitudes de «sano egoísmo» podemos rescatarla de la historia del profeta Elías y su encuentro con una viuda que habitaba una pequeña aldea llamada Sarepta, cerca de la ciudad de Sidón.

*«Elías se dirigió a Sarepta y, cuando llegó a las puertas del pueblo, vio a una viuda juntando leña y le dijo: —Por favor, ¿podrías traerme un poco de agua en una taza?*

*Mientras ella iba a buscarle el agua, la llamó y dijo: —También tráeme un bocado de pan.*

*Pero ella respondió: —Le juro por el Señor su Dios que no tengo ni un pedazo de pan en la casa. Solo me queda un puñado de harina en el frasco y un poquito de aceite en el fondo del jarro. Estaba juntando algo de leña para preparar una última comida, después mi hijo y yo moriremos.*

> *Entonces Elías le dijo: —¡No tengas miedo! Sigue adelante y haz exactamente lo que acabas de decir, pero primero cocina un poco de pan para mí. Luego, con lo que te sobre, prepara la comida para ti y tu hijo. Pues el Señor, Dios de Israel dice: "Siempre habrá harina y aceite de oliva en tus recipientes, ¡hasta que el Señor mande lluvia y vuelvan a crecer los cultivos!".*
>
> *Así que ella hizo lo que Elías le dijo, y ella, su familia y Elías comieron durante muchos días. Siempre había suficiente harina y aceite de oliva en los recipientes, tal como el Señor lo había prometido por medio de Elías»* (1 Reyes 17: 10-16).

Es posible que en ese momento de presión extrema, flaqueara la fe de aquella viuda.

No caben dudas que la pobre mujer estaba al límite de sus fuerzas. Imagino que su desesperación no solo sería por ella misma, sino también por su hijo, ya que ambos estaban al borde la muerte. Todos sus instintos básicos e incontrolables de supervivencia como madre, por su hijo, y también por sí misma, estaban en alerta máxima. Nada en el mundo tenía valor, salvo el hecho de encontrar algo para comer, y así salvar sus vidas. Todas sus actitudes innatas e instintivas serían sumamente egoístas, y con razón.

En ese momento de crisis extrema, llega un hombre extraño y le dice sin más rodeos: «*Dame a mí primero de comer*». Y agrega la frase clave, en la que trabajaremos el último de los golpes a este peculiar Muro.

El profeta le dice: «*No tengas miedo, la comida jamás te faltará*».

## NO TENGAS MIEDO

«*Nadie puede burlarse de la justicia de Dios*», dice el apóstol Pablo en su carta a los Gálatas 6:7. Todo lo que siembres, cosecharás.

Si un agricultor desea la mejor cosecha para sí mismo, deberá primero invertir en comprar el mejor grano, en trabajar bien la tierra y en regarla constantemente. No hay burla posible: lo que siembres, cosecharás.

La viuda que vivía en la aldea olvidada de Sarepta, con su hijo, debió tomar una decisión muy difícil. Tenía que creerle a Dios y no temer.

Tenía que darle ese último pedazo de pan a un extraño en lugar de a su hijo que lloraba de hambre a su lado. Tenía que estar dispuesta a ver morir a su hijo, y luego dispuesta a morir ella misma por alimentar a un extraño que se le acercó una tarde, mientras juntaba leña para el fuego.

La viuda le creyó a Dios y no temió.

Es fácil creer «en» Dios porque las evidencias de su existencia son abrumadoras, pero creerle «a» Dios es otra cosa. Y no tener miedo es otra distinta. Sumadas son dinamita.

**Es fácil creer en Dios, pero creerle a Dios es otra cosa.**

Muchas viudas en la región murieron durante la sequía espantosa que asoló el área. Muchos hombres, mujeres y niños fallecieron. Pero la viuda del pequeño pueblo de Sarepta vio aparecer un pan fresco cada día en su alacena y vivió. Ella y su hijo vivieron. Alimentaron al profeta y comieron ellos. Su «sano egoísmo» la salvó. Le creyó a Dios, no temió y canalizó su egoísmo por el camino correcto.

Convirtió su «egoísmo salvaje», instintivo y despiadado, que la hubiera llevado a la muerte (quedarse para sí con el último pedazo de pan), en un «egoísmo sano» (dar primero para recibir mucho más después), y dijo: «Necesito comida urgente para mi hijo y para mí; entonces daré de comer al profeta de Dios».

Vamos a destruir por completo el muro del «egoísmo salvaje» que te impide relacionarte efectivamente. Vamos a dejar en el pasado esas actitudes equivocadas que te han hecho perder tantos amigos. Vamos juntos a demoler ahora mismo el Muro que has fabricado con actitudes salvajemente egoístas, como las del viejo hucha, que han dividido tu familia. Vamos a comprometernos a convertir esos instintos egoístas, perniciosos, en algo sano que te permita obtener lo que quieres, pero comenzando a pelar la banana por el lado correcto.

Te propongo que tomes como herramienta esta declaración y digas con firmeza, creyéndole a Dios y sin miedo:

*«A partir de hoy, dejaré salir el agua de mi tanque, tomaré las mejores semillas, daré mi último bocado de pan, llegaré segundo aunque tenga las fuerzas para llegar primero. Callaré aunque tenga argumentos para seguir la discusión.*

*A partir de hoy, hago el firme compromiso de dar sin buscar nada a cambio en el momento, pero siendo "sanamente egoísta" y sabiendo que la justicia de Dios es implacable, y me dará con creces lo que invierta.*

*Buscaré mi paz trabajando por la paz de los demás.*

*Seré el mejor amigo, aunque no me reconozcan devolviéndome amistad a cambio.*

*Me esforzaré en agradecer, aunque a mí no me agradezcan. Me esforzaré en alabar y animar a mis compañeros de labor. Me sentaré en la última silla de la mesa y viviré en la mansedumbre de un "sano egoísta" que da en abundancia, porque sabe que haciéndolo recibirá copiosamente».*

Ahora siéntate y comienza a observar cómo el Muro va cayendo. Ladrillo tras ladrillo comenzará a derrumbarse ante tus ojos.

Un nuevo horizonte pronto aparecerá ante ti: el de la tierra prometida.

# CAPÍTULO 6

# Derribo los Muros alrededor de mi pasado El perdón

Hay un Muro muy particular que destruir en esta sexta vuelta, uno que aunque es una muralla muy alta, casi inexpugnable, oscura y maciza, ha pasado desapercibido la mayor parte de tu vida. Es que este gran Muro se encuentra a tu espalda. Sí, detrás de ti.

Es por ello que no impide que veas el horizonte, no impide que divises claramente los objetivos que te marcaste, y pareciera que no es un estorbo a tu realización. Sin embargo, aunque por detrás y sigilosamente, te ahoga con gran sutileza, quitándote el aire, la luz, y evitando que avances a buena velocidad.

Este Muro no se nos enfrenta cortándonos el paso, como los otros Muros que vimos (y destruimos) en capítulos anteriores. Este, simplemente, devasta los suministros hasta que su prisionero desfallece. Encadena a su presa con grilletes invisibles a la vista humana.

Es el Muro que levantaste para no ver cosas irresueltas del pasado, y lo construiste con bloques sólidos porque allí detrás, quedaron situaciones que te causaron muchísimo dolor alguna vez. Son situaciones que no resolviste ni en el momento del dolor, ni nunca después. Y allí están todavía, detrás del Muro.

Cuando atravesaba por mis años de estudiante, hoy reconozco que había una cantidad importante de cosas que ignoraba, pero algo sí estaba muy claro, y yo lo supe siempre: uno puede dejar algunas materias pendientes mientras está cursando la carrera, pero al momento de querer egresar y obtener el diploma, hay que rendir cada una de ellas y aprobarlas. Por ello, en este capítulo debemos darnos vuelta y mirar atrás a las cosas que dejamos pendientes, algunas muy difíciles de sobrellevar con éxito.

Juntos lo haremos, tú y yo, empezando justo ahora.

Por más difícil que sea esta particular tarea de identificar y destruir recuerdos amargos del pasado, debemos tener claro que jamás llegaremos a la tierra prometida si no lo hacemos. Debemos primero dejar al descubierto aquellos antiguos dolores, tratar con ellos y sanarlos.

Atravesaremos este capítulo con los puños apretados, juntos, y yo te ayudaré, mordiendo los labios; porque nos veremos cara a cara, otra vez, con aquellas materias que dejamos ocultas tras el Muro, y que hieden y duelen. Aunque el Muro las oculta, igual apestan y lastiman.

Pero la tierra prometida lo vale. El premio, la corona están adelante, y este Muro nos impide avanzar porque convierte los zapatos en pesadas envolturas de plomo que nos vuelven lentos, obesos y más proclives a abandonar que a recorrer el camino con garbo.

## Materias pendientes

Reconocer que con el paso de los años dejamos en el ayer algunas «materias pendientes», algunas cosas sin resolver, será el primer paso que debemos dar.

El Muro que debemos derribar, en realidad, no son las situaciones irresueltas, con ellas trabajaremos más tarde, en la segunda parte de este capítulo. El Muro que debe ser destruido ahora es el que las oculta.

Tenemos una importante ventaja sobre los otros Muros, y es que este lo construimos con el único objetivo de ocultar cosas que no nos animamos a enfrentar y resolver.

Esto significa que no debemos tomar una maza y golpear la muralla. Solo debemos reconocer que dejamos situaciones sin resolver del otro lado, subir lentamente por una de sus paredes hasta ver esas «cosas» otra vez, reconocerlas e identificarlas por fecha y dolor. Allí mismo, el Muro caerá porque ya no tendrá objetivo para ser, y lo que no tiene razón de existir se autodestruye.

**Lo que no tiene razón de existir se autodestruye.**

Esta primera etapa parece simple, pero reconocer ciertas heridas psíquicas causadas por golpes emociónales intensos, especialmente en la niñez y adolescencia, no es una tarea fácil. Escalar las altas paredes nos llevará un tiempo y un esfuerzo considerable.

¿Estás listo? Lo haremos juntos, prometí estar a tu lado y estoy aquí, en cada palabra que sigue. Pero lo importante; sí, lo verdaderamente importante es que Dios está a tu lado tomándote de la mano en este tramo difícil.

## ¿Qué buscar?

Estos traumas psicológicos, en distintos momentos de tu vida pasada, fueron causados en general porque fuiste expuesto directa o indirectamente a algo que amenazó tu vida, tu integridad física, y te produjo un estrés desmedido con mucho miedo. Suma a esta «fuerte emoción negativa» el hecho de que sentiste que lo que te sucedía sobrepasaba ampliamente tu capacidad de controlarlo. Y sufriste mucho.

Hay veces que la muerte repentina de un ser querido, un accidente o una enfermedad muy grave, dejan también heridas profundas.

## Hay que comenzar a buscar muy atrás en la vida

Desde la cornisa del Muro, ahora que te has animado a subir sobre los ladrillos que antes pusiste uno sobre otro y que miras hacia el pasado para identificar aquellas heridas aún abiertas, seguramente observarás cosas que te confunden.

Allí, bien cerca de la pared, verás actitudes que definitivamente son tuyas, pero que no reconoces como propias. Quizás recuerdas aquella vez que saliste huyendo de una relación sin saber bien por qué. O tal vez recuerdas aquella reacción violenta que tuviste con tu pareja, que provocó una ruptura; y ahora ni sabes el motivo de esa reacción.

Lee con atención. Cerca del Muro no verás las situaciones no resueltas; observarás solo las consecuencias. Por supuesto, las consecuencias también son heridas que apilaste detrás del Muro, pero no podemos trabajar sobre «efectos». Debemos buscar las «causas». Y las causas están más atrás; mucho más lejos y separadas del Muro.

La mayor parte de las heridas del pasado, que al no poder resolver dejaste detrás del Muro, fueron causadas en la etapa de tu vida en la que eras más vulnerable: la niñez y la adolescencia. Pueden ser cosas tan graves como abusos sexuales, físicos o emocionales causados por personas queridas o extraños, adultos o de tu misma edad; hasta dolores por falta de comunicación, o carencias económicas, o malos tratos repetidos, o tal vez solo indiferencia. Pudiera ser un complejo por algún tipo de incapacidad que socavó tus años de la infancia, o separación de tus padres, muerte de un ser querido o abandono.

Existe un sinnúmero de cosas que pudieron provocar distintos niveles y profundidad de heridas, traumas psíquicos que quedaron irresueltos y decidiste crear un Muro que te separara de ellos.

Pero una cosa dejada atrás y no resuelta te sigue, y no hay Muro que la detenga. Te acosa el recuerdo y va moldeando tu ser. Ahora eres producto de esas marcas de tu ayer, y mañana serás producto de la suma de tu ayer más las decisiones de tu presente. Por ese motivo es tan importante «rendir» cada materia dejada atrás, y aprobar el examen.

No puedo decirte cuáles son tus heridas, tus situaciones no resueltas. Búscalas ahora tú mismo, y el Muro que construiste para separarte de ellas comenzará a caer solo, a tus pies.

## Distinguirlas no es solucionarlas. Hay que dar algunos pasos más.

Ahora estas aquí, de pie ante tu pasado y listo para terminar con todas las situaciones que han aminorado tu marcha, o incluso te han detenido en la vida. Estás dispuesto a «liquidarlas» para que no te inmovilicen en tu andar hacia la tierra prometida. Entonces, avancemos punto por punto.

**Identificar, evaluar, neutralizar, cauterizar y eliminar**

### 1. Identificar la verdad

Tal vez, al reencontrarte con sucesos irresueltos de tu pasado que antes estaban semiocultos por el Muro, descubras que, en su momento, te echaste a ti mismo la culpa por ellos y por las consecuencias que les siguieron. Quizás especulaste que los podrías haber evitado; que si actuabas de tal o cual manera podrías haber impedido ese problema, y te inculpas.

Muchos que han sufrido algún tipo de abuso por parte de terceros imaginan que tienen toda o al menos una gran parte de la culpa.

**El primer paso es superar ese «sentimiento de culpa».**

El primer paso es superar ese «sentimiento de culpa» para poder identificar, con la mente en frío, la raíz del problema. Si eres la víctima, hay una solución. Si tienes realmente una parte de la culpa, hay una solución. Si tienes toda la culpa, también hay una solución.

Pero debes identificar la verdad para saber cómo actuar. No puedes buscar la sanidad de un problema irresuelto basándote en sentimientos. Evalúa los hechos e identifica si eres la víctima, tu propio victimario, o parte y parte.

## 2. Evaluar la seriedad

Somos seres tan complejos que, algunas veces, la herida profunda y sangrante que dejamos detrás del Muro no es resultado directo de un suceso concreto, sino más bien de algo que percibimos internamente como un trauma.

En algunos casos podemos sentirnos no queridos por nuestros padres (y utilizo solo un ejemplo de los tantos que existen), acarreando heridas graves en la personalidad, que al no poder resolverlas y sumándole a la herida el tiempo, se convierte en una gran lastimadura que, sin saber cómo manejar, escondemos.

Pero en realidad nuestros padres sí nos amaron, y mucho. La verdad es que ese sentimiento de no ser querido o aceptado fue solo una mala percepción infantil, pero igual, real o no, causó un trauma y está allí, detrás del Muro, compartiendo lugar con otras cosas que fueron bien reales y concretas. Todas por igual esperan la solución.

Cada una tiene una solución y debes evaluar si tu herida del pasado fue real o solo un simple rasguño que se infectó con el paso de los años.

## 3. Neutralizar sus efectos secundarios

Como dijimos, muchas actitudes en tu pasado cercano son reacciones por heridas no cicatrizadas de tu mismo pasado, pero lejano.

Uno de los ejemplos más comunes puede observarse en el mismísimo seno de cualquier familia: la nuestra, la de un vecino o la de un amigo.

Nos vemos propensos a darles mucha libertad a nuestros hijos, a veces desmedida, como reacción automática inversa a lo que nuestros padres hicieron con nosotros y que tanto nos dolió en su momento. Ellos nos dieron poca libertad; nosotros les damos mucha.

**Tú no eres tus heridas y ellas no deben dirigir tu presente.**

Lo pensábamos olvidado detrás del Muro, pero no, allí está, marcando la forma de actuar en el presente y lastimando a otros de la misma manera que lo hicieron con nosotros, pero en el lado opuesto de la calle.

Tienes que trabajar sobre cada una de las heridas y neutralizarlas para no reaccionar por ellas. En algún punto debe terminar la secuencia pendular, y tú eres ese punto final donde debe terminar la serie de «venganzas». Esta es la hora de hacerlo porque tú no eres tus heridas y ellas no deben dirigir tu presente.

## 4. Cauterizar cada herida

Las heridas abiertas, igual que las situaciones no resueltas, tienden a sangrar. Las habíamos medio olvidado detrás del Muro, pero ellas seguían sangrando. Y hoy puede haber muchas situaciones que estén manchadas por esa sangre.

El proceso de cauterización es doloroso, pero muy efectivo. Cauterización es un término clínico usado para un procedimiento que persigue el objetivo de detener una hemorragia. Hoy existen varias maneras de cauterizar una herida para que no sangre, pero en la antigüedad el sistema era uno solo: calentar una pieza de metal sobre el fuego, y luego tocar con ella la herida para que los vasos sanguíneos elevaran su temperatura, ocasionando una coagulación inmediata de la sangre.

Algunas de tus heridas deberás tocarlas con un hierro caliente y soportar el dolor hasta que queden notablemente cerradas. No puedes permitir que continúen abiertas y sangrantes porque eso te debilita, eventualmente te mata y porque mancha de sangre todo lo que hay a su alrededor.

## 5. Eliminar el foco del problema

Si ya has caminado los cuatro pasos anteriores, identificaste la verdad en cada una de las situaciones sin resolver, que antes estaban tapadas por el Muro que cayó, y luego evaluaste la seriedad de cada una en particular… si neutralizaste sus efectos nocivos para que no sigan contagiando, y por último lograste detener el sangrado, ahora ha llegado el momento de eliminarlas para siempre, resolviendo cada una de ellas.

## Perdonar es una decisión unilateral

El perdón es un tema que le ha dado letra a cientos de autores de libros, blogs, programas de radio y TV. Han sido páginas completas y largos minutos hablando de la cuestión.

Tantas palabras han logrado el buscado objetivo del diablo, de aguar y degradar el perdón; de convertirlo en un esfuerzo humano por no sentir resentimiento hacia alguien que causó un dolor; de disfrazarlo como una acción generosa de parte del ofendido hacia el ofensor, con el objetivo de reestablecer la relación rota; de llevar el perdón al plano de la justicia merecida y renunciar a ella en un acto de generosidad.

Se ve el perdón como un esfuerzo del ofendido por olvidar el dolor, o por sanar una herida marginando el deseo de justa retribución. O tal vez, se ve como beneficio para la paz, o como la salida «fácil» ante la imposibilidad física de la venganza.

Hemos rebajado el perdón hasta el punto que un actor de Hollywood llegó a decir:

> *«Lo que más odio es que me pidan perdón antes de pisarme» (Woody Allen).*[1]

O lo hemos marginado de la vida de todos los días, convirtiéndolo en un "milagro", hasta el punto de que el máximo representante del cristianismo católico romano llegara a decir:

> *"La espiral de la violencia solo la frena el milagro del perdón" (Juan Pablo II)*[2].

El perdón va mucho más allá de una simple disculpa o de un imposible milagro.

Perdonar es una palabra que encierra un concepto muy profundo. Proviene del prefijo latino «*per*» y del verbo también latino «*donāre*», que significan, Per: «pasar por encima de» y donare: «regalo».

Entonces, el perdón en realidad es un regalo que uno ofrece, y ese regalo es «pasar por encima», esquivar, o no chocar.

Perdonar es el «regalo» de «pasar por alto» la falta cometida. Por eso es una decisión unilateral, una decisión de un solo lado, y el único «lado» involucrado es el tuyo. Eres tú mismo quien debe decidir si «pasas por alto» algo, o no lo haces: si esquivas la falta que cometieron en tu perjuicio, o incluso, la falta que tú mismo cometiste en tu propio perjuicio.

**Perdonar es el «regalo» de «pasar por alto» la falta cometida.**

## Perdonar con consolación

Perdonar no es un milagro reservado para algunos santos que renuncian a la venganza para purificar sus vidas. Perdonar no es una simple disculpa, lugar a donde muchos pretenden rebajarlo.

Perdonar es la llave que abre una puerta a la vida en abundancia; una llave que todos llevamos colgada del cuello desde que llegamos a este mundo, pero pocos saben cómo utilizarla y en qué puerta hacerlo.

Existen muchas variables con respecto al perdón. Todas ellas tratan con las heridas del ayer y con el hecho de comenzar el proceso de sanidad y eliminación de la herida. Por lo tanto, podemos dar el «puntapié inicial» diciendo que el perdón es la base de la resolución de situaciones que quedaron escondidas en el ayer, y que hoy enfrentamos nuevamente con el objetivo supremo de destruirlas, para avanzar sin peso en nuestra espalda.

Aquel antiguo dolor está ahora frente a ti y existen tres posibilidades en primera instancia.

1. Lo dejas allí y reconstruyes el Muro para no verlo por algún tiempo.

2. Lo neutralizas y cauterizas perdonando.

3. Lo eliminas para siempre perdonando, sin dolor residual.

- El perdón tiene dos expresiones: la humana y la divina. Si decides perdonar como un esfuerzo consciente para cerrar el capítulo que mantenía abierta la herida, está muy bien. Es admirable y plausible.

- Si hoy, mirando a tu ayer, descubres que todavía hay un dolor antiguo por un amor traicionado, y decides perdonar, está muy bien.

- Si encuentras un dolor por una agresión en la que fuiste la víctima, que dejó huellas visibles o invisibles en tu vida de adulto, y decides hacer el esfuerzo por no reclamar la compensación justa y tomas la decisión unilateral de perdonar, está muy bien.

Pero si hoy decides dar un paso más, descubrirás que hay todavía un mejor camino que lleva a un mejor lugar.

Si hoy estás dispuesto a perdonar, hay una puerta que debes abrir: la que comunica a un perdón sin dolor, sin residuos tóxicos, sin olor. Hay una puerta que no solo cauteriza y neutraliza la herida del ayer, sino que la borra definitivamente y franquea el paso a nueva manera de ver la vida. Y esta es el perdón con consolación.

El perdón con consolación es el perdón a la manera de Dios.

En aquel memorable mensaje que Jesús ofreciera en la ladera de la montaña, al que llamamos el Sermón del Monte, Él tocó un punto clave en la vida de los que le oían en ese momento, y en la vida de todos nosotros.

**El perdón con consolación es el perdón a la manera de Dios.**

> *«Dios bendice a los que lloran, porque serán consolados»* (Mateo 5:4).

Y luego, apenas unos minutos más adelante en su inspiradora plática, dijo:

> *«Si perdonas a los que pecan contra ti, tu Padre celestial te perdonará a ti; pero si te niegas a perdonar a los demás, tu Padre no perdonará tus pecados»* (Mateo 6:14-15).

Cuando el dolor tocó a tu puerta sufriste, y cuando ocultaste la herida, perpetuaste el sufrimiento. En otras palabras: decidiste seguir sufriendo.

El dolor es algo que nos golpea por sorpresa, cobardemente en la mayoría de los casos, por la retaguardia. Cuando menos lo esperamos, llega y toca a nuestra puerta. Pero el sufrimiento a largo plazo es algo que podemos evitar tomando las decisiones correctas, sanando la herida y borrándola para siempre.

**Perdonar y ser perdonado es una constante en la vida.**

Perdonar y ser perdonado es una constante en la vida. La gente, las situaciones, las consecuencias de malas decisiones nos hieren paso a paso, en mayor o menor medida. Como seres humanos sensibles, vivimos enfrentando dolores agudos que nos dejan tambaleando por algunos días; y otros, no tan graves, incluso pequeños dolores a los que ya, en muchos casos, somos casi inmunes. Por lo mismo, es difícil -y me animo a decir, imposible- que vivamos un solo día sin lastimar a nuestros semejantes y principalmente a Dios. Pensamientos, actitudes y reacciones nos llevan de víctimas a victimarios de un momento a otro.

El estilo de vida que propone el cristianismo, como relación renovada y diaria con Dios, es una constante de comprensión y compasión con quien nos hiere o nos hirió en el pasado. Lo hacemos sin negar el dolor causado por el hecho concreto, pero sabiendo firmemente que recibimos consolación y negándonos rotundamente al sufrimiento; perdonando al instante, y gozando del perdón de Dios en la misma medida.

> *«Dado que Dios los eligió para que sean su pueblo santo y amado por él, ustedes tienen que vestirse de tierna compasión, bondad, humildad, gentileza y paciencia. Sean*

> *comprensivos con las faltas de los demás y perdonen a todo el que los ofenda. Recuerden que el Señor los perdonó a ustedes, así que ustedes deben perdonar a otros. Sobre todo, vístanse de amor, lo cual nos une a todos en perfecta armonía. Y que la paz que viene de Cristo gobierne en sus corazones. Pues, como miembros de un mismo cuerpo, ustedes son llamados a vivir en paz. Y sean siempre agradecidos»* (Colosenses 3:12-15).

Es un círculo perfecto que se cierra en amor y en perfecta armonía, coronado por el agradecimiento, y como resultado final, la paz.

La consolación es una consecuencia directa del Espíritu de Cristo en la vida del nuevo renacido; del que por la fe recibió a Jesús en su vida y lo hizo Señor de su existencia. La consolación del Espíritu Santo es la gran diferencia entre el perdón otorgado como esfuerzo humano, y el perdón concedido en el poder de Dios.

> *«Él nos consuela en todas nuestras dificultades...»* (2 Corintios 1:4)

> *«Como aquel a quien consuela su madre, así os consolaré yo a vosotros...»* (Isaías 66:13 RVR 1960)

Quizás, ahora, aquí, de pie frente a un montón de piedras apiladas y desparramadas que son los restos del antiguo Muro que ocultaba tus heridas... aquí, de pie, ante todas esas «cosas» que te hicieron sufrir y marcaron tu vida en el ayer, tal vez te mueva a confusión el pensar en el hecho de «simplemente perdonar», y en el de «perdonar en el poder del Espíritu Santo».

Todos podemos perdonar y poner una «curita» sobre la herida.

Todos podemos esforzarnos en olvidar el dolor y tomar la decisión de no reclamar justicia ni venganza. Todos podemos perdonar en mayor o en menor medida. Pero solo los que recuperaron en Cristo la relación con Dios pueden perdonar a la manera de Dios.

**Solo los que recuperaron en Cristo la relación con Dios pueden perdonar a la manera de Dios.**

Ellos pueden perdonar y ser consolados con una consolación tan profunda que solo quienes la experimentan la pueden entender; perdonar y borrar para siempre la herida, consolados como niños en los brazos de su madre.

Ahora que te hayas aquí, de pie, frente a un sinnúmero de heridas del pasado, puedes comenzar a mirar cada una de ellas y perdonar a quien te las causó. Pero Dios te ofrece un camino mejor, una puerta para que la cruces y accedas a una vida en abundancia.

Perdona, sí perdona, pero hazlo en el poder de Dios, para acceder a su consolación y a la vez a su perdón por las heridas que tú has causado. Comienza, a partir de esta «vuelta a Jericó», a vivir una vida plena: la vida del perdonado que perdona y es consolado en su dolor.

# CAPÍTULO 7

# Derribo los Muros alrededor de mi futuro El miedo

Aquellos israelitas guiados por Josué habían dado ya las seis primeras vueltas al gran muro de la ciudad de Jericó, ese muro que les impedía el paso a la tierra prometida, el lugar al que Dios los guiaba; un territorio que les pertenecía por heredad desde el principio de los tiempos. Tenían, en el Arca del Pacto que presidía la procesión, las tablas de la Ley, los originales escritos con el dedo de Dios, y el título de propiedad de aquella tierra, la de Canaán. Todo estaba a su favor, menos el muro que los detenía y que debía ser derribado.

> *«El séptimo día, los israelitas se levantaron al amanecer y marcharon alrededor de la ciudad como lo habían hecho los días anteriores; pero esta vez, dieron siete vueltas alrededor de la ciudad. En la séptima vuelta, mientras los sacerdotes daban el toque prolongado con los cuernos, Josué les ordenó a los israelitas: "¡Griten, porque el Señor les ha entregado la ciudad!"»* (Josué 6:15-16).

Ahora te toca gritar a ti porque el Señor te ha entregado la vida en tus manos. No la vida de los habitantes de Jericó, como en el pasado a los israelitas, sino tu propia vida, y ha puesto ante ti la posibilidad de que la disfrutes. La tierra prometida está a un Muro de distancia: una vida en abundancia, una vida de éxitos para su gloria y según sus propósitos, que, en definitiva, son nuestro mayor éxito.

El último Muro se llama **miedo al futuro**. Algunas veces es un miedo inconsciente, otras no tanto; miedo al dolor, a la pérdida, al fracaso… miedo a la muerte. Es un Muro clandestino y solapado que dirige nuestras acciones desde las sombras, y nos impide tomar riesgos elementales en la vida de relación. Es miedo a perder lo que queremos, a que alguien o algo lastimen lo que amamos. Miedo que, por encallarse en la vida, se convierte en pánico.

Cada Muro que recorrimos tiene sus particularidades, y este no será la excepción. Lo construiste en un abrir y cerrar de ojos. Una mañana te levantaste y allí estaba. No sabes bien cómo apareció allí, frente a ti, dictando tu manera de ser y de relacionarte, pero sabes que está, que es real y que es muy alto y fuerte.

Así como Dios, en la séptima vuelta, ordenó a Josué que dirigiera al pueblo de Israel en forma distinta a lo que venían haciendo anteriormente, quizás tú deberás trabajar en la destrucción de este Muro también en forma distinta. Deberás poner mayor esfuerzo, mayor constancia y mayor dependencia de Dios. Pero así como las murallas de Jericó cayeron luego de las siete vueltas, así caerá ante ti este séptimo Muro.

Trabajaremos juntos en golpear cada base en la que se asiente, y gritaremos con alegría mirando al futuro. Diremos: ¡Ya no te tememos, futuro, vamos hacia ti en el poder de Dios!

Tú mismo lo verás caer porque la tierra prometida no es una quimera. Es una realidad prometida, y Dios mismo te ayudará a alcanzarla ayudándote a demoler este último Muro que te contiene. Pero debemos destruir cada una de sus muchas aristas astilladas, sabiendo que todas y cada una de ellas son fragmentos del mismo madero, al cual nos amarramos desde el principio de los tiempos.

Sí, aquella tarde, mi estimado amigo y amiga, cuando nuestros antepasados decidieron elegir el camino prohibido y tomar lo que no les correspondía, nació el miedo.

> *«El hombre contestó: —Te oí caminando por el huerto, así que me escondí. Tuve miedo porque estaba desnudo»* (Génesis 3:10).

Aquella tarde perdimos el futuro y encontramos el miedo; un miedo que desde ese fatal día nos llega a todos por igual, a la velocidad de sesenta minutos por hora.

**El miedo es el más alto condicionante de la conducta humana.**

Es una sensación de desnudez que grita por un lugar seguro dónde esconderse. El miedo es el más alto condicionante de la conducta humana. Es un motor que se alimenta de incertidumbre. Es la desesperación al saberse no preparado para lo desconocido, sea lo que fuere. *"Tuve miedo porque estaba desnudo"*.

Pero lo venceremos porque Dios mismo se hizo hombre para mostrarnos el camino de regreso a la «casa segura», donde no hay más miedos, donde el futuro se convierte en presente garantizado.

## El primer golpe: destruir el olvido

El Rey David es uno de los ejemplos más importantes a la hora de pensar en cómo enfrentar el futuro. Un hombre que descubrió la clave para destruir su Muro y lo destruyó, nos guiará en esta primera etapa.

> *«Jehová es mi luz y mi salvación; ¿de quién temeré? Jehová es la fortaleza de mi vida; ¿de quién he de atemorizarme? Cuando se juntaron contra mí los malignos, mis angustiadores y mis enemigos, para comer mis carnes, ellos tropezaron y cayeron.Aunque un ejército acampe contra mí, no temerá mi corazón; aunque contra mí se levante guerra, Yo estaré confiado»* (Salmos 27:1-3 RVR 1960).

Mi padre, quien tenía una habilidad innata para trabajar la madera y se dedicó durante años a la carpintería, citó cierta vez una frase, que de hecho es muy popular entre los hombres del gremio: «Hay veces que solo un clavo saca otro clavo». Por algún motivo quedó grabada en mi mente y la he usado decenas de veces en ilustraciones.

Permítanme utilizarla una vez más para dejar claro este singular tema.

Hay veces, estimados amigos, que algo no sale, no se quita, hasta que ponemos otra cosa en su lugar. Y el miedo al futuro es una de esas «cosas» que necesitan salir, pero solo lo hacen cuando otra cosa los empuja. Y esa «otra cosa» son los recuerdos. Sí, los recuerdos.

El Rey David estaba confiado en que el ejército que acampaba en las afueras de la ciudad no podría vencerlo porque antes «otros ejércitos» estuvieron en el mismo lugar y no lo lograron, y él lo recordaba perfectamente.

Todos ellos, los que antes se juntaron en mi contra, los que amenazaron mi vida, los que trataron de robarme la familia, la paz, los que hablaron mal de mí, todos ellos tropezaron y cayeron porque Dios estuvo a mi lado en esos momentos difíciles del ayer. Y, ¿por qué no lo estaría en el futuro?, se preguntaba el Rey. El Dios que me rescató ayer lo hará también hoy y mañana y siempre, decía el salmista, porque su mano no se ha acortado, ni su oído se ha cerrado para oír a sus hijos en los momentos de necesidad.

**El Dios que me rescató ayer lo hará también hoy y mañana y siempre.**

> *«He aquí que no se ha acortado la mano de Jehová para salvar, ni se ha agravado su oído para oír»* (Isaías 59:1 RVR 1960).

Construiste el Muro del temor al futuro, con una primera línea de bloques de olvido.

Tú y yo, al igual que cada ser humano, tenemos una facilidad innata para olvidar, y especialmente para olvidar las veces en que Dios nos tendió una mano.

Los israelitas eran conscientes de ese mal humano y decidieron construir altares, pilares y monumentos a lo largo de toda su historia: marcas que les recordaran cómo la poderosa mano de Dios los libró de algo. Cada fiesta sagrada, hasta hoy, recuerda un evento en donde Dios los ayudó. La Pascua recordaba la liberación del pueblo de Israel de la esclavitud de Egipto, y así cada fiesta tenía un motivo de recordación.

Cuando el pueblo cruzó el río Jordán rumbo a la ciudad de Jericó, antes de rodearla durante siete días, cada día, para que su gran muro cayera, Josué recibió la orden directa de Dios de fabricar un monumento que les recordara a ellos, y a las generaciones venideras, que las aguas dejaron de correr para que pasaran en seco.

> *«Una vez que todo el pueblo terminó de cruzar el Jordán, el Señor le dijo a Josué: "Ahora elige a doce hombres, uno de cada tribu. Diles: 'Tomen doce piedras del medio del Jordán, del mismo lugar donde están parados los sacerdotes. Llévenlas al lugar donde van a acampar esta noche y amontónenlas allí'"... «En el futuro, sus hijos les preguntarán: ¿Qué significan estas piedras?». Y ustedes podrán decirles: "Nos recuerdan que el río Jordán dejó de fluir cuando el arca del pacto del Señor cruzó por allí". Esas piedras quedarán como un recordatorio en el pueblo de Israel para siempre»* (Josué 4:1-2, 6-7).

Recordar es lo único que podrá demoler esa primera línea de bloques de olvido. Porque el que olvida el pasado confunde el futuro.

**El que olvida el pasado confunde el futuro.**

Recordar cada momento en que Dios te ayudó antes, te sostuvo, te tendió una mano salvadora, te guía en el presente a través de valles de sombra y de muerte, te lleva a la tranquilidad de que los verdes pastos están adelante, y que la mesa, aunque todavía no la veas, está ya preparada y llena de exquisiteces para honrarte.

Recordar es el objetivo mayor del sagrado símbolo de la cena del Señor.

> *«Pues yo les transmito lo que recibí del Señor mismo. La noche en que fue traicionado, el Señor Jesús tomó pan y dio gracias a Dios por ese pan. Luego lo partió en trozos y dijo: "Esto es mi cuerpo, el cual es entregado por ustedes. Hagan esto en memoria de mí". De la misma manera, tomó en sus manos la copa de vino después de la cena, y dijo: "Esta copa es el nuevo pacto entre Dios y su pueblo, un acuerdo confirmado con mi sangre. Hagan esto en memoria de mí todas las veces que la beban"»* (1 Corintios 11:23-25).

«*Hagan esto en memoria de mí*», decía el Señor aquella noche, antes de subirse a la cruz por ti y por mí. «*Hagan esto en memoria de mí*» cada vez que se reúnan, y háganlo para recordar que cuando partan el pan y tomen la copa, es mi cuerpo y mi sangre la que se derrama por ustedes, y lo hago para pagar el precio de su gran error de separarse del Padre, y de las gravísimas consecuencias que eso acarreó para la humanidad.

El día que olvidemos esto, el instante que no lo recordemos, el futuro se desintegra en el infierno.

## La canción del recuerdo

El Rey David, como cada uno de nosotros, atravesó momentos muy duros en su vida y no fue exento de tomar malas decisiones que arrastraron consecuencias negativas por muchos años. Pero si algo tenía en claro, era que si olvidaba, moría.

Y escribe uno de los cantos más profundos de la fe cristina:

> *«Bendice, alma mía, a Jehová, y bendiga todo mi ser su santo nombre. Bendice, alma mía, a Jehová, y no olvides ninguno de sus beneficios. Él es quien perdona todas tus iniquidades, el que sana todas tus dolencias; el que rescata del hoyo tu vida, el que te corona de favores y misericordias; el que sacia de bien tu boca de modo que te rejuvenezcas como el águila»* (Salmos 103:1-5 RVR 1960).

**Hagamos memoria de las veces que Dios nos libró, y la buena memoria nos va a salvar.**

Los recuerdos son depósitos en una cuenta de ahorro en un banco. Cuando estamos en problemas, debemos regresar a ellos y usarlos para recuperar la confianza y evitar la duda. Hagamos memoria de las veces que Dios nos libró, y la buena memoria nos va a salvar. Si te ayudó antes, lo hará hoy, y mañana, y cada vez, y no hay nada qué temer.

## RECUERDA A TU DIOS; NO OLVIDES A TU PRÓJIMO.

Raúl y su íntimo amigo Javier viajaban a pie por el desierto. Quizás el cansancio del viaje bajo el sol abrasador acabó con la paciencia de Raúl, quien con una muy mala contestación ofendió profundamente a su amigo Javier. Este se detuvo, tomó una vara que se hallaba a un costado del camino y escribió en la arena: «Hoy mi mejor amigo me ofendió».

Raúl lo miró perplejo, pero no dijo nada, y continuaron el camino.

Así llegaron a un oasis que, en apariencia, era un tranquilo lago, pero al sumergirse para refrescarse, ambos amigos quedaron atrapados en su fondo cenagoso. Raúl logró asirse de una liana que colgaba a un lado y salió casi inmediatamente. Pero Javier no tuvo la misma suerte y comenzó a hundirse. Desesperado, su amigo Raúl cortó una larga rama de un árbol cercano y logró extendérsela, salvándole la vida.

Al salir de aquella trampa, Javier, mojado y agotado por el esfuerzo, temblando aún por la experiencia cercana a la muerte, buscó una piedra pequeña, pero muy dura, se acercó a una roca del camino y grabó en la roca: "Hoy mi mejor amigo me salvó la vida".

«¿Por qué haces esto?», preguntó Raúl. «Antes escribiste en la arena y ahora lo haces en la piedra». «Cuando un amigo nos ofende -contestó Javier- debemos escribirlo sobre arena, para que el olvido y el perdón lleguen pronto y desaparezca lo escrito. Pero cuando un amigo te ayuda, hay que escribirlo en la roca, para que jamás lo olvides».

Olvidar es una de las peores cosas que nos pueden pasar. Olvidar el amor de toda la vida de una madre o de un padre, olvidarlo por completo en un momento de acalorada discusión, es la cruz que muchos hijos cargan el resto de sus vidas.

Olvidar años de paciencia, la que nos han tenido a nosotros, en el momento de tener nosotros paciencia con alguien, separa amistades de toda la vida.

No puedes olvidar 100 días de sol por una sola nube de tormenta que se cruza en tu camino. Si lo haces, estás condenado a vivir con un paraguas.

## NO OLVIDES DE DÓNDE SALISTE.

Olvidar el lugar de donde salimos es condicionar el presente y condenar el futuro.

**Olvidar el lugar de donde salimos es condicionar el presente y condenar el futuro.**

Olvidar la piedra con la que tropezamos ayer, nos hará tropezar nuevamente con ella mañana.

Decenas de veces Dios le dice a su pueblo, de diferentes maneras: Cuidado con olvidar de dónde salieron.

> *«No maltrates ni oprimas a los extranjeros en ninguna forma. Recuerda que tú también fuiste extranjero en la tierra de Egipto»* (Éxodo 22:21).

> *«Recuerda que tú también fuiste esclavo en Egipto y que el Señor tu Dios te sacó de allí…»* (Deuteronomio 5:15)

Cuando olvidamos que una vez estábamos en el barro, olvidamos la misericordia para el que aún lo está.

Cuando olvidamos que fuimos tentados, hacemos «*leña del árbol caído*» sin contemplaciones. Dice el Señor: «*Recuerda que tú también fuiste esclavo*».

Detrás de cada puritano que calla, o detrás de cada implacable religioso que juzga y denuncia, hay un amnésico que pronto volverá a tropezar, o algún pecado oculto e inconfesado que dirige las acciones.

Nuestra parte, para comenzar la destrucción de este Muro, no es juzgar, ni denunciar, ni tampoco mirar para otro lado como si nada hubiese pasado. Nuestra tarea es recordar que fuimos perdonados, y perdonar; recordar que fuimos ayudados, y ayudar.

Si olvidamos que detrás de todo pecado hay siempre un pecador por el cual Jesús murió en la cruz, dejaremos pronto de lado la predicación del evangelio y secaremos nuestro futuro.

- Haz constantemente un esfuerzo por recordar los momentos cuando Dios te ayudó y no tendrás problemas en confiar que lo hará en el futuro.

- Haz constantemente un esfuerzo por recordar a quienes te ayudaron en momentos difíciles y te amaron a pesar de todo. Sabrás en quién puedes confiar y sabrás que estarán allí mañana.

- Haz constantemente un esfuerzo por recordar de dónde te rescató el Señor, y tendrás un firme futuro.

## Recuerda: Dios jamás olvida

El ancla más firme en la que puedes estar confiado, tan amarrado que ninguna tormenta podrá con ella, es la promesa de que Dios nunca se olvidará de ti.

> «*¿Pero acaso se olvida la mujer del hijo que dio a luz? ¿Acaso deja de compadecerse del hijo de su vientre? Tal vez ella lo olvide, pero yo nunca me olvidaré de ti*» (Isaías 49:15 RVC).

> "*Aunque mi padre y mi madre me dejaran, con todo, Jehová me recogerá*" (Salmos 27:10 RVR 1960).

La primera línea del Muro ha sido deshecha, y ya puedes sentir cómo toda su estructura se balancea amenazante. Pronto caerá a tus pies, como cayeron los otros Muros. Pronto lograrás ver nítida la tierra prometida. Por favor, no olvides que el Dios que te ayudó antes, lo hará mañana. Recuerda, son esos recuerdos los que irán lentamente quitando tu miedo al mañana y afirmando tu futuro.

## El golpe final: brilla para Dios.

Marianne Williamson, una escritora americana contemporánea que ha escrito varios libros, de los cuales cuatro han sido éxitos en ventas, expuso con maestría un conflictivo lado de la verdad. En su libro más importante, *Regreso al amor,* Marianne presenta un revolucionario concepto sobre nuestros miedos.

> «*Nuestro miedo más profundo no es que seamos inadecuados, nuestro miedo más profundo es que seamos poderosos, más allá de toda medida. Es nuestra*

*luz, no nuestra oscuridad la que nos asusta»* (*Marianne Williamson*)[1].

Este pasaje de su libro fue parte del mensaje que Nelson Mandela, expresidente de Sudáfrica pronunció al asumir su cargo, y también fue utilizado en la famosa película de Hollywood, *Coach Carter.*

Muchos años antes, incluso antes de que Marianne naciera, hubo un hombre que decidió vencer el miedo a dejar salir la luz que había en él.

Esteban, el llamado «primer mártir del cristianismo», debió vencer el «miedo a brillar» en un mundo opaco. Debió vencer el "miedo a sobresalir" en un mundo chato que lo presionaba a vivir en su "chatura" generalizada.

Esteban era un hombre con un alto concepto del servicio. Los apóstoles lo eligieron unánimemente para ayudarlos en la distribución de los alimentos, en aquella primera iglesia en Jerusalén. Relata el libro de los Hechos que él discutía vehementemente con todos los opositores religiosos de su época, y ¡nadie podía contra sus argumentos!

Esteban era un hombre que se negaba a oscurecer la luz que tenía para adaptarse a su entorno. Esteban era un hombre lleno del Espíritu Santo, hasta el nivel que le salía por los poros.

Lo tomaron cautivo por brillar -continúa relatando el libro de los Hechos de los Apóstoles- y lo enfrentaron ante un jurado parcializado que deseaba oírlo negar el nombre del Jesús, aunque fuera solo con su silencio. Sin embargo, dice la Biblia que Esteban se puso de pie y pronunció un mensaje franco, directo, sin matices grisáceos, que no lo salvó de la condena.

Esteban supo ante ese tribunal, en ese momento, que tenía solo dos opciones: meterse debajo de la mesa o pararse sobre ella. Esteban venció el miedo a sobresalir y se paró sobre la mesa.

> «*Los líderes judíos se enfurecieron por la acusación de Esteban y con rabia le mostraban los puños; pero Esteban, lleno del Espíritu Santo, fijó la mirada en el cielo, y vio la gloria de Dios y vio a Jesús de pie en el lugar de honor, a la derecha de Dios. Y les dijo: "¡Miren, veo los cielos abiertos y al Hijo del Hombre de pie en el lugar de honor, a la derecha de Dios! Entonces ellos se taparon los oídos con las manos y empezaron a gritar. Se lanzaron sobre él, lo arrastraron fuera de la ciudad y comenzaron a apedrearlo…"*» (Hechos 7:54-58).

Esteban fue grande porque decidió vencer el miedo a ser grande, y decidió «no apagar su luz», sino hacerla brillar aún más fuerte, y en un lugar donde todos pudieran verla.

Él sabía que las piedras llegarían porque los chatos siempre apedrean a los que sobresalen, pero su compromiso con el Cristo que le había salvado era brillar. Y lo hizo. Y al hacerlo, vio con claridad su futuro.

Dice la Biblia que Esteban vio «los cielos abiertos y al Hijo del Hombre de pie en el lugar de honor, a la derecha de Dios». Vio el lugar a donde iría y vio que le estaban esperando.

Jamás podrás ver claramente tu futuro si te metes debajo de la

**Debes vencer el miedo a brillar.**

mesa. Debes vencer el miedo a brillar, y debes brillar para Dios en el lugar en donde estés. Entonces verás con claridad tu futuro y verás a Cristo aguardándote en él.

Junto al salmista podrás decir:

> *«Mi futuro está en tus manos»* (Salmos 31:15).

Pero lo puedes solo repetir o lo puedes vivir. Anímate a brillar. Cuando brilles para Dios, verás nítidamente tu futuro en sus gloriosas manos, y ya no habrá más temor.

## RECUERDA

El Muro se ha comenzado a derrumbar. Recuerda, y sigue recordando, cómo la poderosa mano de Dios estuvo contigo cuando tuviste miedo, cuando estabas enfermo, cuando estabas solo, cuando los problemas económicos oscurecían el horizonte.

Recuerda cómo aquella increíble paz sobrenatural te poseyó en el momento de mayor angustia. Recuerda cómo fuiste consolado por el Espíritu Santo. Recuerda, recuerda y jamás olvides que Él es el mismo de ayer, será el mismo de mañana, y nada hay que temer. Tu futuro está asegurado.

## BRILLA

Brilla con la luz de Cristo en el lugar donde te encuentres, aunque te dé miedo ser próspero en un mundo decadente, ser bendecido en un mundo maldecido, ser victorioso en un mundo derrotado.

**Vence el miedo a sobresalir ¡y sobresale para Dios!**

Vence el miedo de esconderte entre los que no brillan y ocultes tu luz debajo de la mesa. Vence el miedo a sobresalir ¡y sobresale para Dios! Él abrirá tus ojos y verás el futuro, y le verás a Él allí, mirándote, y ya no temerás.

El séptimo Muro ha caído.

# CAPÍTULO 8

# Cómo mantener mis conquistas

La ciudad de Jericó finalmente cayó. El muro que la protegía se derrumbó ante la mirada espantada de un pueblo que había dado las siete vueltas, tal como Dios les indicara, y veía ante sus ojos uno de los milagros más estridentes relatados luego en el Antiguo Testamento.

Cuenta la Biblia que el Muro **«de repente»** se derrumbó.

Algunos que estaban cerca de la muralla debieron correr a campo traviesa para salvar sus vidas y no ser aplastados por las pesadas piedras. Rocas inmensas comenzaron a desprenderse y caer.

Sí, por supuesto, todos esperaban el milagro, pero por esperarlo, no dejaron de sorprenderse.

«De repente» toda esa gigantesca muralla se desvaneció sin causa visible. No hubo un terremoto, ni un temporal, ni siquiera un viento fuerte, ni una pequeña explosión. Nada, para que el milagro sea destacado y nadie pudiera jamás dudar que la mano de Dios lo demolió. Por ello, aquel muro antes infranqueable, «de repente» comenzó a caer.

Y «de repente», la tierra prometida se abrió amplia y generosa ante los ojos de cada israelita.

## La costumbre del «de repente»

Aquellos hombres y aquellas mujeres ya se estaban acostumbrando al mover de Dios en su favor. Habían visto muchos y grandiosos milagros que los favorecieron durante los años en el desierto. Luego, al llegar a la tierra de la promesa, el río Jordán detuvo su correr, dándoles la bienvenida.

¡Era el Pueblo de la Promesa!

Habían girado en torno a la ciudad de Jericó cumpliendo la Palabra de Dios, tal como el Señor se lo había indicado a su líder, Josué, y como un castillo de naipes habían visto aquel muro desmoronarse a sus pies.

Todo era maravilloso. Al mirar hacia atrás y ver, en un rápido recorrido mental, los últimos cuarenta años en que vivieron como nómadas en medio del desierto, recordaron cómo también «de repente» aparecieron decenas de miles de codornices en el cielo; «de repente» salió agua de la roca; «de repente» se abrió el mar y cruzaron en seco; «de repente» todo era éxito. Y el pueblo comenzó a acostumbrarse a que «de repente», Dios salía a su rescate. Pensaron que ahora, ya en la tierra prometida, sería igual, y creyeron que también lo próximo sería solo un trámite, y cada ciudad caería a sus pies, como cayó el muro de Jericó.

Por ello, cuando llegó la hora de consolidar la victoria tomando la siguiente ciudad, una pequeña, sin ejército, sin defensa, el pueblo -embriagado por su victoria sobre el gran muro- no supo consolidar el éxito, y cayó derrotado ante el humilde ejército de aquella pequeña ciudad de Hai.

Una mezcla satánica de pecado entre la filas del ejército de Israel y malas decisiones estratégicas militares, nacidas de subestimar al enemigo, hicieron que regresara el fantasma de la derrota.

**Mantener esos éxitos es tan difícil, o tal vez más aún, que alcanzarlos.**

Llegar a la cumbre ha sido duro. No es tarea fácil alcanzar al escalón máximo de una carrera, o la notoriedad que se logra con esfuerzo y constancia, o la victoria sobre un enemigo. Pero la historia nos enseña que mantener esos éxitos es tan difícil, o tal vez más aún, que alcanzarlos.

Acabas de deshacerte de los siete Muros que te encerraron durante años; esas viejas y lúgubres paredes que tú mismo construiste a lo largo de tu vida. Esos bloques que amontonaste para que no te hieran, o para entorpecerle el paso a tu pasado que te acosaba, sea para lo que fuere que los hayas construido, ya no existen. Ahora el horizonte está abierto frente a ti. Pero los logros hay que consolidarlos y luego avanzar hacia el próximo objetivo.

No puedes relajarte jamás, porque un solo instante en que te descuides para disfrutar el logro, podría hacerte tropezar. A partir de hoy, caminarás entre los escombros de los Muros que cayeron, blandiendo una estrategia bíblica para no reconstruirlos nunca, para no volver a caer jamás en el mismo error que te sujetó hasta hoy.

Sí, leíste bien. Existe una estrategia bíblica para tener una buena y larga vida: una clara enseñanza que veremos antes de cerrar este capítulo en tu vida.

Porque las cosas ahora ya no serán «de repente» en tu vida. Has crecido, y con el crecimiento llega invariablemente la responsabilidad. Ahora eres responsable y aunque Dios puede deslumbrarte con algún «de repente», ya no será la constante. Ya no estás en el desierto. Ahora ya no seguirá la nube dándote sombra de día y la columna de fuego dándote calor de noche. Ahora dejó de caer el maná y dejaron de volar las codornices a la altura de tu mano, para que solo las tomes. Tendrás que labrar la tierra si quieres comer, tendrás que buscar refugio para el sol y prender tu fuego para la noche. Has crecido y ahora te toca a ti, dar.

**Has crecido y ahora te toca a ti, dar.**

## Repaso de las siete vueltas

**Primera vuelta:** Levanta tus ojos al cielo y descúbrete digno en Dios. Porque la tierra prometida no es para cualquiera. La tierra de la promesa es solo para los dignos.

**Segunda vuelta:** La vida cristiana es un teatro sin butacas, un estadio sin graderías, un escenario sin tribunas, donde «ser parte», «vivir arriba del escenario» es el único lugar disponible. No eres perfecto, ni completo. Lo que haces nunca estará 100% bien. Tus fuerzas son pocas y te das por vencido con mucha facilidad, pero todos tus aciertos, junto a todos tus desaciertos, forman parte y se complementan con el resto de los cristianos para formar la obra de Dios: su Iglesia. Y tú eres parte.

**Tercera vuelta:** El plan de Dios desde el principio es que estemos juntos, y el plan de satanás desde el principio es que no lo estemos, porque juntos nos elevamos y separados nos hundimos. Cuida a tu familia.

**Cuarta vuelta:** Todos, de una u otra manera trabajamos; eso es lo que tenemos. Y solo pueden disfrutar del trabajo, y luego de los resultados, aquellos que han activado el «don del disfrute», recuperando la relación con Dios a través de aceptar como propio el sacrificio de Cristo en la cruz.

**Quinta vuelta:** ¿Cómo podrías amar a tus semejantes si no te amas a ti mismo? ¿Cuál sería la medida de ese amor si no hubiera una balanza en donde pesarlo? ¿Cómo podrías tener una buena opinión de otros si no la tienes de ti mismo? ¿Cómo podrías tener amigos si tú no lo eres primero? Da para luego recibir.

**Sexta vuelta:** El estilo de vida que propone el cristianismo como relación renovada y diaria con Dios, es una constante de comprensión y compasión con quien nos hiere o nos hirió en el pasado, sin negar el dolor causado por el hecho concreto, pero sabiendo firmemente que recibimos consolación. Y negándonos rotundamente al sufrimiento, perdonando al instante, y gozando del perdón de Dios en la misma medida.

**Séptima vuelta:** Aquella primera tarde en el Edén perdimos el futuro y encontramos el miedo; un miedo que desde ese fatal día nos llega a todos por igual, a la velocidad de sesenta minutos por hora. Es una sensación de desnudez que grita por un lugar seguro donde esconderse. El miedo es el más alto condicionante de la conducta humana. Es un motor que se alienta de incertidumbre; es desesperación al saberse no preparado para lo desconocido, sea lo que fuere. «Tuve miedo porque estaba desnudo».

Pero Dios mismo se hizo hombre para mostrarnos el camino de regreso a la «casa segura», donde no hay más miedos, donde el futuro se convierte en presente garantizado. Recuérdalo porque esa es la clave.

## CONSOLIDA LA VICTORIA

Preocupados por el futuro, los israelitas le preguntaron a Dios acerca de cómo deberían dar esos primeros pasos, cuando ya viviesen en la tierra prometida.

En ese momento, Moisés les recomendó:

> *«Manténganse en el camino que el Señor su Dios les ordenó que siguieran. Entonces tendrán una vida larga y les irá bien en la tierra donde están a punto de entrar y que van a poseer»* (Deuteronomio 5:33).

¿Quieres que te vaya bien en el futuro? ¿Quieres una vida larga y plena? Mantente en el camino que el Señor te ordenó que siguieras. No de desvíes ni a tu derecha ni a tu izquierda. Sigue de frente al premio que te espera.

# EPÍLOGO

# Guía de las 7 vueltas para derribar tus 7 Muros

## El Muro de mi mente: palabras de condena

1. Descubre tu dignidad en la suma dignidad de tu Creador.

2. Recuerda que las palabras de menosprecio, desprestigio y desdicha que te dijeron las personas que más amas, son como ladrillos huecos. Solo una pequeña parte es verdadera.

3. Extrae la parte de verdad de esas palabras y corrige lo corregible para crecer.

4. Vuelve sobre las palabras de menosprecio y condena que tú dijiste, y sana lo que hayas y a quien hayas lastimado.

5. Di palabras beneficiosas a todo el que te rodea.
6. Influye sobre los demás.
7. Recibe, da de lo que recibes, y recibe aún más para dar todavía más.

## El Muro de mi cuerpo: la falsa imagen

1. Conócete a ti mismo.
2. Acéptate.
3. Asume una actitud constante de gratitud.
4. Lucha por mejorar.
5. No te conformes.
6. No te desanimes.
7. Sé parte del equipo de la obra de Dios.

## El Muro de mi familia y mi círculo íntimo

1. Fortalece tu círculo íntimo empezando por tu familia, hasta el tercer nivel.

2. Reconoce constantemente la labor de tu pareja.
3. Aprende el arte de escuchar profundamente.
4. Entrégale a Dios el peso de tus problemas.
5. Deja de pensar solo en ti; piensa en los demás.
6. Habla las palabras adecuadas en el momento oportuno.
7. Diles palabras de aliento a tus hijos, tus amigos y tus compañeros de ministerio.

## El Muro de mis deseos

1. Encuentra la sabiduría para disfrutar de cada regalo que Dios te dé.
2. Descubre el momento cuando desear lo que no tienes se convierte en obsesión.
3. Descubre a tiempo el balance entre lo que tienes y lo que deseas.
4. Mide el esfuerzo que aplicas a alcanzar lo que no tienes.
5. Activa el don de disfrutar lo que haces, incluyendo tu trabajo.

6. Acepta lo que recibes.

7. Vive en relación directa con Dios.

## El Muro de mis relaciones cercanas: el egoísmo

1. Ama a tu prójimo como te amas tú.

2. Llega segundo aunque tengas las fuerzas para llegar primero.

3. Calla aunque tengas argumentos para seguir la discusión.

4. Haz el firme compromiso de dar sin buscar nada a cambio en el momento, pero siendo "sanamente egoísta" y sabiendo que la justicia de Dios es implacable, y te dará con creces lo que inviertas.

5. Sé el mejor amigo, aunque no te reconozcan devolviéndote amistad a cambio.

6. Busca tu paz trabajando por la paz de los demás.

7. Esfuérzate en agradecer, aunque a ti no te agradezcan.

## El Muro de mi pasado; el que oculta el dolor

1. Identifica la verdad y supera la culpa.
2. Evalúa la seriedad de tus heridas.
3. Neutraliza los efectos secundarios.
4. Cauteriza cada herida para que cierre.
5. Elimina el foco del problema.
6. Pasa por alto la falta cometida.
7. Perdona a la manera de Dios y borra la herida para siempre.

## El Muro del miedo al futuro

1. Destruye el olvido.
2. Haz constantemente un esfuerzo por recordar los momentos cuando Dios te ayudó y no tendrás problemas en confiar que lo hará en el futuro.
3. No olvides a tu prójimo.

4. Haz constantemente un esfuerzo por recordar a quienes te ayudaron en momentos difíciles y te amaron a pesar de todo. Sabrás en quién puedes confiar y sabrás que estarán allí mañana.

5. Haz constantemente un esfuerzo por recordar de dónde te rescató el Señor, y tendrás un firme futuro.

6. Vence el miedo a sobresalir.

7. Brilla para Dios.

**No levantes muros. ¡Fortifica los cimientos!**

# NOTAS BIBLIOGRÁFICAS


## CAPÍTULO 2

1. Consultado en línea el 12 de febrero de 2015. http://es.wikiquote.org/wiki/Henry_van_Dyke

## CAPÍTULO 3

1. Consultado en línea el 12 de febrero de 2015. http://paulocoelhoblog.com/2009/12/19/la-historia-del-lapiz/

2. Consultado en línea el 12 de febrero de 2015. http://galicias.com/frases/silencio.htm

## CAPÍTULO 4

1. Consultado en línea el 12 de febrero de 2015. http://akifrases.com/frase/184266

2. Consultado en línea el 12 de febrero de 2015. http://www.goodreads.com

## CAPÍTULO 5

1. Consultado en línea el 12 de febrero de 2015. http://www.proverbia.net/citasautor.asp?autor=83&page=2

## Capítulo 6

1. Consultado en línea el 13 de febrero de 2015. http://www.sabidurias.com/cita/es/146/woody-allen
2. Consultado en línea el 13 de febrero de 2015. http://www.citasyproverbios.com

## Capítulo 7

1. Williamson, Marianne, Regreso al Amor, Editorial Planeta, Agosto de 1994